इंदिरा गांधी ने ज़िन्दगी भर जिन आदर्शों के लिए संघर्ष किया, उन्हीं की खातिर जान दे दी। उनको सच्ची श्रद्धांजलि देने के लिए आइए हम प्रण करें कि देश की एकता व अखण्डता के लिए हम एक रहेंगे। सांप्रदायिक सौहार्द, भाईचारे व धार्मिक सहिष्णुता का परिचय देकर हम यह साबित करेंगे कि भारत के नागरिक एक हैं और एक रहेंगे। यही उनके प्रति हमारी सच्ची श्रद्धांजलि होगी।

राष्ट्रीय जीवन माला

इंदिरा गांधी

मीना अग्रवाल

डायमंड बुक्स

प्रकाशक : डायमंड पॉकेट बुक्स (प्रा.) लि.
X-30 ओखला इंडस्ट्रियल एरिया, फेज-II
नई दिल्ली-110020
फोन : 011-40712200
ई-मेल : wecare@diamondbooks.in
वेबसाइट : www.diamondbooks.in
संस्करण : 2025

Indira Gandhi
By : Meena Agarwal

अपनी बात

"मानव स्वयं को बहुत ऊँचा समझता है। पर्वतों की भव्यता तथा उनकी शांत ऊँची चोटियाँ हमें स्वयं को और अपने कार्यकलापों को सही परिप्रेक्ष्य में देखने में मदद करती हैं। हम कितने छोटे ओर महत्त्वहीन हैं तथा अपनी संहार और निर्माण की सारी शक्ति के बावजूद इस ब्रह्माण्ड की विशालता में हम कितने असहाय हैं। फिर भी हमारे पास एक विशेष चीज़ है और वह है—अजेय आत्मा। इसी के बल पर पुरुष और स्त्रियाँ असंभव को संभव बनाने योग्य बनते हैं।"

अजेय आत्मा और भव्य भावना की प्रतीक श्रीमती इंदिरा गांधी के ये शब्द—चिंतन और मनन के कई द्वारों को खोलते हैं।

संसार में बहुत से लोग महान बनने का प्रयास करते हैं, किंतु उनमें से अनेक की मंज़िल बहुत दूर रह जाती है। कुछ व्यक्ति ऐसे भी होते हैं, महानता जिनका वरण स्वयं करती है। यह कथन इंदिरा गांधी पर अक्षरशः घटित हुआ है। उन्होंने जिस काम का बीड़ा उठाया, उसमें उन्हें सफलता अवश्य प्राप्त हुई। इस सफलता का रहस्य था उनकी दृढ़ निष्ठा, अथक चेष्टा और समर्पण की भावना।

दूरदर्शी, कल्पनाशील और संकल्प से पूर्ण नेत्री होने के कारण इंदिरा गांधी में यथार्थ पर विचार करने और उसके अनुसार उचित निर्णय पर पहुँचने की अद्‌भुत क्षमता थी। राष्ट्रीय और अंतर्राष्ट्रीय महत्त्व के सभी प्रश्नों के सटीक उत्तर इंदिरा जी के पास होते थे। बैंकों का राष्ट्रीयकरण, भूमि-सुधार, पोखरण में आणविक विस्फोट, अंतरिक्ष में उपग्रह की स्थापना, बीस सूत्रीय कार्यक्रम श्रीमती गांधी के अमर कार्य हैं। जनवरी 1966 में प्रधानमंत्री का पदभार सँभालने के बाद आकाशवाणी से अपने एक प्रसारण में इंदिरा गांधी ने कहा था—"मैं शांति और सब देशों से मित्रता की नीति पर चलती रहूँगी और अपने देश के लिए स्वतंत्र विचार एवं कार्य की रक्षा करूँगी। भारतीय विदेश नीति के सिद्धांत, जो देश की उच्चतम परम्पराओं के अनुकूल हैं और जो हमारे राष्ट्रीय हितों का संरक्षण करते रहे हैं, वे मेरा मार्गदर्शन करेंगे। अंतर्राष्ट्रीय शांति के तत्त्वों को दृढ़ करने और अंतर्राष्ट्रीय सहयोग को बढ़ाने में मैं हमेशा प्रयत्नशील रहूँगी।" अपने नेतृत्व काल में उन्होंने इस आश्वासन को कार्यरूप में परिणत करने का निरंतर प्रयास किया।

इंदिरा गांधी समझती थीं कि जब तक संसार में घोर असमानता बनी रहेगी, चाहे वह देश में हो या अन्य देशों में, तब तक विश्वशांति की कल्पना करना संभव नहीं है। इसी विचार के आधार पर इंदिराजी ने देश की असमानता को दूर करने के लिए समाजवाद के आधार पर कई योजनाएँ बनाईं। विश्वस्तर पर असमानता दूर करने के लिए उन्होंने अंतर्राष्ट्रीय आर्थिक व्यवस्था की माँग की ताकि औद्योगिक दृष्टि से

अविकसित राष्ट्रों को भी विकास के लिए समुचित साधन मिल सकें और विकसित देशों का आर्थिक या राजनीतिक दबाव भी उन पर न पड़ सके।

श्रीमती गांधी ने स्त्रियों के लिए किसी भी प्रकार के बाह्य आरक्षण का सदैव विरोध किया। उनका विचार था कि स्त्री को करुणा या दयापूर्ण सामंती आरक्षण की नहीं, वरन् न्यायोचित प्रजातांत्रिक साझेदारी की आवश्यकता है। अपने व्यक्तित्व, अपने कार्यों और सार्वजनिक योजनाओं द्वारा इंदिरा गांधी ने इस भ्रम को सर्वदा के लिए समाप्त कर दिया कि स्त्री की नियति घर की चहारदीवारी में एक मूक प्राणी के रूप में है।

इंदिरा जी के हृदय में भारत के गरीब निवासियों, पिछड़े वर्गों, आदिवासियों और सुदूर अंचलों में रहने वाले व्यक्तियों के प्रति स्नेह और सहानुभूति का झरना बहता था। उनका विचार था—"हमारा सबसे बड़ा दुश्मन गरीबी और पिछड़ापन है। जब तक हम इस दुश्मन को नहीं पछाड़ लेते, हमारा देश यथार्थ रूप में सबल नहीं बन सकता।"

गरीबी के विरुद्ध उन्होंने व्यापक लड़ाई छेड़ दी थी। 15 अगस्त 1966 को लाल किले की प्राचीर से भाषण देते हुए श्रीमती गांधी ने कहा था—"एक लड़ाई हमारी सीमा पर है, लेकिन दूसरी लड़ाई इतने ही महत्त्व की हमारे देश में है। वह गरीबी से लड़ाई और पिछड़ेपन से लड़ाई है।" इस लड़ाई के लिए उन्होंने जनता से नए विचारों को अपनाने, अंधविश्वासों को मिटाने तथा पूर्ण रूप से त्याग करने का आह्वान किया।

एक ओर इंदिरा गांधी राजनीति और सामाजिक स्तर पर समस्याओं से जूझती रहीं, दूसरी ओर उन्होंने देश को विज्ञान तथा तकनीकी क्षेत्र में नई मंज़िलों की ओर बढ़ाया। उनके शासनकाल में हुई विज्ञान और प्रौद्योगिकी की उन्नति ने विश्व की दृष्टि को चकाचौंध से भर दिया।

इंदिरा गांधी ने विज्ञान को सामाजिक परिवर्तन का एक सशक्त साधन स्वीकार किया। उन्होंने कहा था—"हमारे वैज्ञानिकों के सामने आज यह एक बहुत बड़ी चुनौती है कि वे आम आदमी को यह विश्वास दिला सकें कि हमारा विज्ञान और प्रौद्योगिकी उनके लिए ही है।"

आज इंदिरा गांधी हमारे बीच नहीं हैं किंतु उनका चिंतन और उनके विचार भावी पीढ़ी के लिए सुरक्षित हैं। राजनयिक परिपक्वता की प्रतीक, बहुआयामी व्यक्तित्व से समन्वित, शांति और सहयोग की आधार-बिंदु, राष्ट्र के लिए समर्पित भारत की पूर्व प्रधानमंत्री श्रीमती इंदिरा गांधी की चिंतन-धारा से देश की जागरूक युवा पीढ़ी को परिचित कराने के शुभ संकल्प के साथ प्रस्तुत है, उनकी अमर जीवनी!

– लेखक

विषय-सूची

इंदिरा का जन्म

1

वे बीसवीं शताब्दी के शुरू के वर्ष थे और सारा संसार आधारभूत परिवर्तनों से गुजर रहा था। ऐसे संक्रमणशील युग में इंदिरा का जन्म 19 नवम्बर 1917 को इलाहाबाद के आनन्द भवन में हुआ था।

आनंद भवन में नेहरू परिवार रहता था।

नेहरू परिवार, जिसकी एक अलग ही संघर्षशील गाथा है।

सन् 1857 का समय था, जब न सिर्फ भारत बल्कि विश्व में भी परिवर्तन का दौर था। उन दिनों दिल्ली की एक नहर के किनारे एक ऐसा परिवार रहता था, जो कभी कश्मीर की घाटी से उठकर यहाँ आ बसा था। उस समय नेहरू परिवार के मुखिया गंगाधर नेहरू थे, जो दिल्ली के कोतवाल थे। दिल्ली में मुगलों का दम तोड़ता शासन चल रहा था और साथ-साथ हो रहा था 1857 का प्रथम स्वतंत्रता संग्राम। बहुत जल्दी ही यह संग्राम कुचल दिया गया और गोरे सैनिकों का दमनकारी चक्र चल पड़ा। गंगाधर नेहरू ने इस माहौल में दिल्ली में रहना उपयुक्त न समझा और वे आगरा में आकर बस गए। आगरा में आए उन्हें अधिक समय नहीं बीता था कि अचानक एक दिन गंगाधर का 34 वर्ष की अल्पायु में देहान्त हो गया। गंगाधर के दो किशोर पुत्र थे जिन पर घर की ज़िम्मेदारी का बोझ आ पड़ा। गंगाधर की मृत्यु के 3 महीने के बाद घर में एक तीसरे पुत्र ने जन्म लिया, जिसका विधवा माँ इन्द्राणी ने मोतीलाल नाम रखा।

ये वही मोतीलाल थे, जिनसे भारत के भाग्य का अभिन्न रूप से नाता जुड़ा था। इनके पुत्र जवाहर लाल नेहरू और उनकी पौत्री तथा हमारी इस पुस्तक की चरित्र नायिका इंदिरा गांधी ही आगे चलकर भारत के प्रधानमंत्री के पद पर आसीन हुईं।

मोतीलाल नेहरू बचपन से मेधावी थे और बहुत जल्दी ही उन्होंने ज़िन्दगी की सफलताओं का वरण कर लिया। जब वे 36 वर्ष के थे, तभी उन्होंने इलाहाबाद में आकर आनन्द भवन खरीदा और जीवनपर्यंत वहीं रहे।

जब वे आनन्द भवन में आए थे, तब तक उनके परिवार में जवाहर लाल का आगमन हो चुका था। वे चूँकि इकलौते संतान थे, इसलिए घर भर के दुलारे थे। घर में रुपये-पैसे की कमी नहीं थी। पूरा परिवार सामंती ठाठ-बाट से रहता था। जवाहर 16 वर्ष की आयु में इंग्लैंड के सुप्रसिद्ध स्कूल हैरो में भर्ती हुए।

जवाहर ने पूरी लगन से अपनी शिक्षा समाप्त की और बैरिस्टर बनकर भारत लौट आए। उस समय वे किशोरवय की दहलीज लाँघकर पूर्ण जवान थे। मोतीलाल नेहरू ने तत्काल उनके विवाह का फैसला किया। जवाहर उस समय 27 वर्ष के थे जब दिल्ली के एक संभ्रांत परिवार की कमला नामक युवती से उनका विवाह सम्पन्न हुआ।

विवाह के ठीक 23 महीने के बाद आनंद भवन में कमला ने एक सुंदर कन्या को जन्म दिया। सारा भवन शिशु से मृदु रुदन से गूँज उठा। जवाहर की खुशी का ठिकाना न था। यह समाचार सुनकर भारत कोकिला सरोजिनी नायडू ने उनसे कहा था–''जवाहर ! तुम्हारे घर भारत की नई आत्मा का आगमन हुआ है।''

श्रीमती टेयलर उन दिनों आनन्द भवन में आई हुई थीं। नवजात बालिका को देखकर बोलीं–''अहा! कितनी सुन्दर, कितनी नाजुक, कितनी पवित्र, फूल की तरह।''

जवाहर लाल ने शिशु को गोद में उठाया और पत्नी से बोले—''कमला! देखो बच्ची कितनी सुन्दर है। इंदु की तरह। इंदु का मतलब जानती हो? इंदु का मतलब है चन्द्रमा। हमारी बेटी सुन्दर चन्द्रमा की भाँति है। इंदिरा प्रियदर्शिनी।''

तब कोई नहीं जानता था, वही बालिका आगे चलकर इंदिरा गांधी के नाम से जानी जाएगी तथा विश्व को अपनी हलचलों से प्रभावित करेगी और भारत को स्थायित्व प्रदान कर उसका इतिहास नए सिरे से निर्मित करेगी।

• • • •

इंदिरा का बचपन

2

दादा मोतीलाल नेहरू का इंदिरा के प्रति विशेष स्नेह था। वे जब भी समय पाते, इंदिरा को गोद में लिए खेलते रहते। जवाहर की तरह वे इंदिरा को उच्च शिक्षा देना चाहते थे। इसलिए इंदिरा जब पढ़ने लायक हुईं तो माँ-बाप के साथ उन्हें भी विदेश भेज दिया गया। इंदिरा के बाहर जाते ही आनंद भवन उनकी किलकारियों से वंचित रह गया। इंदिरा के बिना मोतीलाल का मन एकदम वीरान हो गया। उन्हें लगता, जैसे आनन्द भवन से आनन्द चला गया। हमेशा उन्हें अपनी पौत्री की स्मृति कुरेदती रहती। उन्हें जब-जब नन्ही इंदिरा की मीठी-मीठी और भोली बातें याद आतीं तो उनके मन में टीस होने लगती। उन्होंने इस सम्बन्ध में जवाहर लाल को लिखा था–"मुझे हमेशा इंदिरा की याद सताती रहती है। उसका भोलापन जब-जब याद आता है, तो दिल बेचैन हो जाता है।"

यों इंदिरा का बचपन बड़े लाड़-प्यार से बीत रहा था।

दादा-दादी, माँ-बाप सबका उन्हें अपार स्नेह प्राप्त था। आनन्द भवन के साथ बड़ा लॉन था, वे घंटों गुड्डे-गुड़ियों के साथ लॉन में धमा-चौकड़ी मचातीं। नेहरू परिवार हर संभव प्रयास से इंदिरा का समुचित लालन-पालन करने को कटिबद्ध था, ताकि आगे चलकर इंदिरा जीवन की प्रत्येक ज़िम्मेदारी को बुद्धिमानी से निभा सकें।

इंदिरा एक ओर जहाँ खेल-कूद और पढ़ाई-लिखाई में मग्न थीं, वहीं वे घर में एक विचित्र हलचल को देखकर आश्चर्य चकित भी थीं। घर में राजनीति की गरमागरम बहसें होतीं, ब्रिटिश हकूमत की तानाशाही का वर्णन होता, स्वतंत्रता के संघर्ष की बातें होतीं। घर में एक से एक नेता, राजनेता और राष्ट्रपुरुषों का आगमन होता रहता। कभी पुलिस धावा बोलती। एक बार दादा को गिरफ्तार होते देखा तो पिताजी, माँ और दादी की गिरफ्तारियाँ उनके सामने हुईं।

वे अपनी बालसुलभ बुद्धि से इन सारी घटनाओं पर विचार-विमर्श करतीं, पर

उन्हें कुछ समझ में नहीं आता। लेकिन जिस माहौल में वे पल रही थीं, उसने उन्हें जल्दी ही इतनी समझ दे दी कि वे इन घटनाओं के पीछे छिपी कहानी को समझ सकें। इस समय ने उन्हें मन ही मन एक संकल्प लेने के लिए प्रेरित किया कि घर में जो कुछ हो रहा है, उसमें उनका भी सक्रिय सहयोग होना चाहिए। वे तटस्थ दर्शक बन कर नहीं रहना चाहतीं। बल्कि ठोस और व्यावहारिक कदम उठाकर वे भी अपने परिवार के तथा अन्य देशवासियों के कंधे से कंधा मिलाकर काम करना चाहती थीं।

इंदिरा कम उम्र की थी लेकिन उनके मन में बाहर होने वाली घटनाओं का बड़ा गहरा प्रभाव पड़ रहा था। यों उनके पिता जवाहर लाल शुरू से ही, जब वे इंग्लैण्ड में थे तभी वे ब्रिटिश हुकूमत के प्रति एक सख्त रवैया अपना चुके थे। बैरिस्टरी की शिक्षा समाप्त करके वे स्वदेश लौट तो यहाँ के राष्ट्रनेताओं, विशेष कर गांधी जी के प्रभाव में आकर पूर्ण रूपेण विदेशी हुकूमत से नफरत करने लगे थे। शुरू-शुरू में मोती लाल को यह बात पसन्द नहीं आई थी, चूँकि वे कानून और व्यवस्था में आस्था रखते थे। वे चाहते थे कि उनका पुत्र भी उनकी तरह योग्य बैरिस्टर बन कर जीवन यापन करे। लेकिन जवाहर को यह पसन्द न था।

कांग्रेस में तब नरम दल और गरम दल का बोल-बाला था। मोतीलाल नेहरू नरम दल के समर्थक थे, जबकि जवाहर लाल नेहरू गरम दल के लोकमान्य तिलक से प्रभावित थे, जिनका गगनभेदी नारा था-''स्वतंत्रता हमारा जन्मसिद्ध अधिकार है।'' ब्रिटिश साम्राज्य तिलक से भयभीत था।''

यह उन दिनों की बात है जब रौलेट एक्ट के अंतर्गत विदेशी शासन ने सम्पूर्ण देशी-राजनीतिक आन्दोलनों को कुचलने के लिए दमनकारी नीति अपनाई। सारे नागरिक अधिकार छीन लिए गए। इसके विरोध में गांधी जी ने सत्याग्रह सभा बुलाई और इसके विरुद्ध आवाज उठाई; जिसने जवाहर लाल नेहरू को आगे का कदम उठाने के लिए एक ठोस रास्ता प्रदान किया। लेकिन मोतीलाल को पुत्र का इतना आगे बढ़ना अधिक उचित नहीं लगता था। मोतीलाल ने गांधीजी को आनन्द भवन आने का आमंत्रण दिया, ताकि वे जवाहर को समय से काम करने की सलाह दें। तब इंदिरा बच्ची ही थीं और दादा की गोद में बैठी निर्निमेष गांधी जी के मुस्कराते चेहरे को ताकती रहती थीं। गांधी जी खुद उस नव पुष्पित बालिका के प्रति बड़ा स्नेहसिक्त रवैया अपनाते थे।

गांधीजी की आनंद भवन में यह पहली यात्रा थी। उन्होंने जवाहर को समझाया कि ''पिता को उनकी मर्जी के खिलाफ अपने साथ मत खींचो।'' इसके बाद

गांधीजी प्राय: आनन्द भवन आते और परिवार में नव-जीवन का संचार करते। सभी लोग उनके महिमामय व्यक्तित्व से प्रभावित थे।

बालिका इंदिरा को तब रौलेट एक्ट के बारे में अधिक पता न था, उन्हें गांधीजी की जवाहर को दी गई सीख भी समझ में नहीं आई थी, लेकिन आगे चलकर इन बातों ने इंदिरा की समझ को जरूर परिपक्व किया। रौलेट एक्ट, यानी कि जनता की स्वतंत्रता का ज़बरन अपहरण और पिताजी का सख्त कदम–यानी कि ऐसे जन विरोधी कानूनों का सख्ती से विरोध।

जिस इंदिरा ने बचपन से ही यह शिक्षा ग्रहण की, उस पर तानाशाह का आरोप बेबुनियाद है। हाँ, यह दीगर है कि उनके शासन की अतिरिक्त सख्ती ने लोगों को ऐसा महसूस कराया हो।

बहरहाल, जो मोतीलाल अपने पुत्र के उग्र रवैये से चिन्तित थे, वही देश में हुए एक क्रूरतम कांड से इतने मर्माहत हुए कि अपने पुत्र से दो कदम आगे बढ़कर विदेशी शासन का विरोध करने लगे।

नन्ही इंदिरा इन महत्वपूर्ण परिवर्तनों को अपनी नज़रों से देख रही थीं।

गांधीजी आनन्द भवन से लौटकर फिर अपनी राजनीतिक हलचल में लग गए। रौलेट एक्ट का चारों तरफ विरोध हो रहा था।

सन् 1919 का समय था। गिरफ्तारियाँ और दमनचक्र जारी था।

तभी सर्वसम्मति से कार्यक्रम बनाया गया कि 30 मार्च को पूरे देश में सामूहिक विरोध का प्रदर्शन करने के लिए, आम हड़ताल और जलसों-जुलूसों का आयोजन किया जाए। सभी प्रमुख नेताओं को इसकी सूचना भेज दी गई। लेकिन बाद में यह महसूस किया गया कि समय कम है, इसलिए निर्धारित तिथि तक सारी जरूरी तैयारियाँ करना सम्भव न हो सकेगा। गांधीजी ने 6 अप्रैल की तिथि निश्चित की और आवश्यक कार्यवाही करने का निर्देश दिया।

लेकिन 30 मार्च की तारीख से ही देश में चारों तरफ विरोध की लहर उठ खड़ी हुई। दिल्ली में जामा मसजिद जाते हुए एक आदमी को गोली मार दी गई। दिल्ली में स्वामी श्रद्धानन्द के नेतृत्व में जुलूस निकल रहा था। गोरों ने उनके सामने संगीन तान दीं तो स्वामी जी ने सीना तानकर कड़कते हुए स्वर में कहा—''गोली चलाओ।''

गांधी जी इस घटना को देख-सुनकर दिल्ली आने लगे तो उन्हें पलवल स्टेशन पर ही गिरफ्तार कर लिया गया। गिरफ्तारी का समाचार मुम्बई पहुँचा तो सारे शहर

में क्रोध की एक लहर दौड़ पड़ी, इधर प्रतिक्रियास्वरूप अमृतसर और लाहौर में भी भयावह घटनाएँ हो रही थीं। गांधीजी न दिल्ली जा सके और न दिल्ली के बाद पंजाब।

गांधीजी के साबरमती आश्रम के पास भी दंगा-फसाद हो गया। अहमदाबाद के मजदूरों ने गुस्से में आकर एक सिपाही का खून कर दिया। सारा अहमदाबाद 'मार्शल लॉ' के अधीन आ गया।

पंजाब की स्थिति अत्यन्त खराब थी।

अमृतसर में दो सक्रिय नेतागण डॉ. सफीऊद्दीन किचलू तथा डॉ. सत्यपाल गिरफ्तार कर लिए गए। गिरफ्तारी अत्यन्त घिनौने नाटक के अंतर्गत की गई थी। ज़िला मजिस्ट्रेट ने दोनों नेताओं को बातचीत के लिए अपने बँगले पर बुलाया था, पर थोड़ी देर बाद ही पता चला कि उन दोनों को गिरफ्तार करके किसी अज्ञात स्थान पर भेज दिया गया है। लोग क्रोध में तमतमाकर कलक्टर की कोठी पर गए तो गोरे सैनिकों की गोलियों ने उन्हें खदेड़ दिया, कई लोग घटनास्थल पर ही शहीद हो गए। सारा शहर गुस्से और नफरत से भरा हुआ था।

बैसाख के दिन थे। लोगों का उत्साह बेकाबू था। सारे नेता नज़रबन्द थे। गांधी जी ने हिंसा से दुखी होकर अपना आन्दोलन वापस ले लिया था। लेकिन नेतृत्वविहीन जनता किसी भी तरह से विदेशी शासन के जुल्मों को बर्दाश्त नहीं करना चाहती थी। उसने सारा आन्दोलन खुद अपने कन्धों पर उठा लिया था।

तभी पता चला कि जलियांवाला बाग में एक सभा का आयोजन किया जा रहा है। सुनकर सभी लोग जलियांवाला बाग की ओर जाने लगे। यह बाग ऐसी जगह पर था जिसके चारों ओर ऊँची-ऊँची दीवारें थीं और मार्ग अत्यंत संकुचित था। बाग में नर-नारी, आबाल-वृद्ध सभी एकत्र थे कि ब्रिटिश शासन का क्रूरतम कांड आरम्भ हो गया। जनरल डायर ने लोगों को बिना कोई पूर्व चेतावनी दिए अपने सैनिकों को फायर का हुक्म दे दिया। लोग डर के मारे जहाँ-तहाँ भागने लगे, लेकिन उससे भी तेज़ चल रही थीं, डायर की गोलियाँ। असंख्य लोग मारे गए, असंख्य लोग घायल हुए। इसके अलावा वहाँ जो कुछ हुआ, वह पाशविकता का नंगा नाच था।

मोतीलाल नेहरू का हृदय काँप उठा इन अमानुषिक अत्याचारों की कहानी सुनकर। अब तक वे नरम दल के हिमायती थे तथा संयम से कदम उठाते थे। उनकी तत्कालीन कानूनों में आस्था थी, पर विशेषकर जलियांवाला बाग में जो कुछ हुआ था, उससे उनकी आस्था और विश्वास चरमरा कर बिखर

गए। वे चुपचाप बैठकर इन तमाशों के मात्र तटस्थ दर्शक बने नहीं रहना चाहते थे। उसी पल वे पंजाब की ओर चल पड़े। साथ में उन्होंने अपने पुत्र जवाहर लाल को भी लिया। उन्होंने जलियांवाला बाग जाकर जो कुछ देखा-सुना, उससे उनकी आँखें खुल गयीं। उस दिन से बाप-बेटे का एक ही लक्ष्य और एक मार्ग बन गया।

दोनों जब लौट कर आनन्द भवन आए तो उनका हृदय दुखों से परिपूर्ण था। इस घटना से आनन्द भवन में नया परिवर्तन दृष्टिगोचर होने लगा।

बालिका इंदिरा ध्यान से इन परिवर्तनों को लक्ष्य कर रही थीं।

• • • •

राजनीति का पाठ

3

जवाहर लाल नेहरू अपनी राजनीतिक हलचलों के बीच नन्ही इंदिरा पर कम ही ध्यान दे पाते थे, फिर भी उनके मस्तिष्क में इंदिरा के बारे में एक निश्चित खाका बना हुआ था। वे इंदिरा को विदुषी, दूरदर्शी तथा जीवन्त बनाना चाहते थे और उसके लिए वे भरसक प्रयास भी करते थे। वे अपनी पुत्री को अपरिमित प्यार करते थे। सदा उनकी आँखों के सामने पुत्री की तस्वीर चमकती रहती थी। लेकिन इस प्यार में अनुशासन भी था। जवाहर लाल प्यार और अनुशासन के मिश्रित ढंग से पुत्री को अतुलनीय बनाना चाहते थे। उनके कोई पुत्र नहीं था, एक हुआ जो जन्म के साथ काल कवलित हो गया था। इसलिए वे इंदिरा को ही पुत्र मानते थे और अपने सपनों के अनुसार उसे ढालना चाहते थे। जवाहर लाल नेहरू ने जैसा चाहा, पुत्री इंदिरा ने वैसा ही बनकर दिखला दिया। विदुषी, दूरदर्शी तथा जीवन्त। इन तीन गुणों के बल पर इंदिरा ने वो-वो कारनामे अंजाम दिए जो उन्हें युगों-युगों तक याद रखने के लिए पर्याप्त हैं।

इंदिरा अभी छोटी ही थीं, जब जवाहर लाल नेहरू राजनीतिक क्षेत्र में सक्रिय थे। उनका अधिकांश समय जेलों में ही बीतता था। इंदिरा पर इन जेल यात्राओं की बड़ी तीखी प्रतिक्रिया होती थी।

जवाहर लाल ने हालांकि अपना सारा जीवन राष्ट्र को अर्पित कर दिया था, फिर भी पुत्री के प्रति अपने कर्तव्य को भूले नहीं थे। वे यथासम्भव इंदिरा को उच्चस्तरीय सीख देने से बाज नहीं आते थे। वे जेल में होते तो अपनी कमी किसी भी हालत में इंदिरा को महसूस न होने देते। वे जेल से इंदिरा को शिक्षाप्रद पत्र लिखते ताकि वे जीवन के ऊँचे आदर्शों से परिचित होती रहें। जवाहर द्वारा लिखे वे पत्र, पत्र मात्र नहीं होते; बल्कि शिक्षा, विज्ञान और इतिहास से परिपूर्ण ज्ञानकोश होते थे। उन पत्रों का अपना अलग ही महत्त्व था। उन पत्रों की सीख को इंदिरा ने भली-भाँति हृदयंगम करके जीवन को महान बनाया। उन पत्रों का महत्त्व अब भी अक्षुण्ण है। वे पत्र 'विश्व इतिहास की झलक' में तो संग्रहीत हैं ही, साथ ही

'पिता के पत्र पुत्री के नाम' नामक अलग पुस्तक में भी संकलित है। जवाहर लाल का पुस्तकों के प्रति असीम मोह था। वे जब-तब इंदिरा को उच्चकोटि की पुस्तकें पढ़ने को दिया करते थे। विशेषकर इंदिराजी के जन्म दिन पर तो वे निश्चित रूप से पुस्तकें ही भेंट में दिया करते थे। 1935 के नए वर्ष के मौके पर वे अल्मोड़ा की जेल में थे, जब उन्होंने इंदिरा को अनेक शुभकामनाओं के साथ 'साइंस ऑफ लिविंग' नामक पुस्तक इस आशा के साथ दी कि इसके पढ़ने पर इंदिरा ज़िंदगी को शानदार तरीके से जीने का तरीका सीखेंगी।

बचपन से ही जिस बालिका को परिपक्व राजनीतिक माहौल, जीवन्त संघर्षशीलता तथा जीवन जीने के महत्ती उपदेश मिले हों, वह अपने जीवन में कलुषित भावनाओं को कतई आश्रय नहीं दे सकती।

इंदिरा जी के अब तक के जीवन तथा कारगुजारियों को देखकर सहज अनुमान लगाया जा सकता है, कि वे किस ऊँचे पाए की राजनेता थीं।

इन पुस्तकों को पढ़ने से इंदिरा पर बड़ा सुखद असर हुआ। इससे भी अधिक सुखद असर था पिता के लिखे पत्रों का। इन पत्रों को पढ़कर इंदिरा की आँखों के सामने एक बारगी अपनी नई पुरानी संस्कृति का तुलनात्मक दृश्य, मनुष्य जाति के उत्थान की प्रक्रिया तथा उदार भावनाएँ साक्षात् उभर कर खड़ी हो जातीं।

जवाहर लाल नेहरू जब भी घर पर होते, इंदिरा को वीर-विदुषियों की कहानियाँ सुनाया करते। कभी, 'झाँसी की रानी' की कहानी तो कभी 'जोन ऑफ आर्क' की कहानी। जोन ऑफ आर्क की कहानी ने इंदिरा को विशेष प्रभावित किया। उस वीर नारी की कहानी ने इंदिरा के हृदय में एक हलचल मचा दी। कितनी बहादुर थी वह नारी, जिसने अपने शरीर को लपलपाती अग्नि को भेंट कर दिया, लेकिन देश को बंधन मुक्त कर दिया। 'जोन ऑफ आर्क' की दर्दनाक और प्रेरणादायक कहानी सुनकर नन्ही इंदिरा ने उसी समय संकल्प किया था, "पापुजी ! मैं 'जोन ऑफ आर्क' बनूँगी।" जवाहर लाल इंदिरा की इन बातों को सुन कर फूले न समाए और उन्होंने उसके ललाट पर चुंबन अंकित कर दिया।

पिता की भाँति माँ कमला भी अपनी पुत्री की देखभाल में विशेष रुचि रखती थीं। कमला जी शुरू से बीमार रहा करती थीं, लेकिन अपनी पुत्री के प्रति कर्तव्य से वे कभी विच्युत नहीं होती थीं। वे शारीरिक रूप से भले ही कमजोर थीं, पर आत्मिक रूप से उतनी ही शक्ति सम्पन्न। इंदिरा पर माँ का खासा प्रभाव पड़ा था। वे मृदुभाषी, हँसमुख तथा दृढ़ निश्चयी थीं, जिनका प्रभाव इंदिरा पर पड़ना लाजिमी था। वे माँ की तरह सत्य से प्यार और छल-कपट से नफरत करती थीं।

वाणी में सौम्यता, रहन-सहन में सादगी, व्यवहार में सौजन्यता और मधुरता के अलावा उन्हें अपनी माँ से नारी-सुलभ संकोच भी विरासत में मिला था।

पिता जवाहर इंदिरा की पढ़ाई को लेकर काफी चिन्तित थे, पर वे उन्हें कोई रूढ़िग्रस्त या पारम्परिक शिक्षा देने के पक्ष में न थे। वे देख रहे थे कि तत्कालीन शिक्षा-पद्धति मानसिक रूप से गुलाम बनाने की प्रेरणा देती है। पढ़ाई का सारा ढाँचा ब्रिटिश अधिकारियों तथा शिक्षा-विदों का बनाया हुआ था, जो भारत के नागरिकों को ब्रिटेन के प्रति वफादार होने की शिक्षा देता था। भारतीय शिक्षण संस्थानों पर अंग्रेजी और अंग्रेजों का स्पष्ट प्रभाव था। नेहरू जी अपनी बेटी को किसी ऐसे स्कूल में नहीं भेजना चाहते थे जहाँ पर वह मानसिक रूप से पिछड़ जाए।

ये वे दिन थे, जब बालिका इंदिरा अपने पापु (पिता जवाहर लाल नेहरू को प्रेम से इंदिरा पापु कहती थीं) और माँ के साथ श्रीलंका की यात्रा पर गई थीं। जब वे लौटकर आए तो इंदिरा की पढ़ाई की चिन्ता नए सिरे से सिर उठाने लगी। इधर आनन्द भवन का राजनीतिक जीवन अधिक संघर्षशील हो गया था।

मोतीलाल चल बसे थे।

विदेशी हुकूमत अधिक क्रूर हो गई थी।

संघर्ष पहले से अधिक तीव्र होने के चिह्न प्रकट हो रहे थे।

जवाहर लाल जानते थे कि अन्ततः इंदिरा को भी इसी में आहुति देनी है और इसके लिए उन्हें अति शीघ्र योग्यता प्राप्त कर लेनी चाहिए। सबसे बड़ी आवश्यकता थी नियमित शिक्षा की। जवाहर लाल से जितना हो सकता था, उतना वे अपनी बेटी को सिखाते-समझाते थे, पर उनका जीवन जिन कँटीली राहों से गुजर रहा था, उसमें इंदिरा को नियमित रूप से लिखाना-पढ़ाना संभव न था।

मोतीलाल नेहरू के बाद अब आनन्द भवन में महात्मा गांधी की राय से हर काम होता था। महात्मा गांधी ने इंदिरा को राष्ट्रीय और मानवीय शिक्षा दिलाने के वास्ते जवाहर लाल को सुझाव दिया। उन्हीं के परामर्श से नेहरू जी ने अपनी बेटी को पूना के एक स्कूल में भेजा, जो एक राष्ट्रवादी दम्पति द्वारा चलाया जा रहा था। यह छात्राओं का अपना स्कूल था।

• • • •

इंदिरा शांतिनिकेतन में 4

पूना की शिक्षा-अवधि चार वर्षों की थी, जिसे इंदिरा ने तीन वर्ष में ही समाप्त कर दिया।

इस बीच वे किशोरावस्था से यौवन की दहलीज में कदम रख रही थीं। ये वे दिन थे, जब ज़िन्दगी की समस्त खुशियाँ आस-पास मंडराती रहती हैं। लेकिन इंदिरा के जीवन में यौवन चुपके से आया, उनके चेहरे की कांति में नई चमक आ गई। एक स्वर्गिक सौन्दर्य के निखार से इंदिरा का सारा शरीर तेजस्वी हो उठा था। पर इंदिरा इन सबसे अनजान थीं। वे पूना से पास होकर जब आनन्द भवन लौटीं और अपने पापु को इस ख़ुशखबरी से वाकिफ करना चाहा तो तत्कालीन सरकार ने उनकी सारी खुशियों पर पानी फेर दिया। वे गिरफ्तार कर लिए गए थे और घर पर माँ बीमार थीं।

इंदिरा की पढ़ाई अभी अधूरी थी।

पूना से फिर शांतिनिकेतन।

नेहरू जी ने अपनी मनोकामनाओं के अनुसार ढालने के लिए इंदिरा को विश्व कवि टैगोर के विद्यापीठ शांति निकेतन भेज दिया, ताकि वहाँ वे आम्र-वृक्षों के तले टैगोर के शैक्षणिक तत्वावधान में भारतीय परम्पराओं और मूल्यों का सम्यक ज्ञान प्राप्त कर सकें।

''शांतिनिकेतन में इंदिरा नेहरू आ रही हैं।'' यह समाचार मिलते ही वहाँ के छात्रों में अजीब सनसनी फैल गई। उन्हें इंदिरा तथा उनके परिवार के बारे में बड़ी अजीब-अजीब सूचनाएँ दी गई थीं। सारे शांति निकेतन में उत्सुकता तथा कौतूहल छा गया। छात्राएँ एक-दूसरे से पूछतीं, ''पता है हमारे शिक्षा-संस्थान में कौन आ रहा है?''

सबको पता था कि इंदिरा नेहरू आ रही हैं, इसलिए जवाब देतीं, ''हाँ, पता है।''

''लेकिन वह तो बहुत बड़े घर की लड़की है। भला इस आश्रम में रह सकेगी?

उसके घर में तो ढेरों नौकर-नौकरानियाँ हैं, अपने हाथ से कुछ करना नहीं पड़ता होगा, यहाँ भला कैसे रह सकेगी?'' दूसरी भी अपनी शंका प्रकट करती—''हमें मालूम हुआ है कि उसके दादा अपने कपड़े पेरिस से धुलवाते थे। वह खुद भी तो विलायत में पढ़ चुकी है। वह तो मेम साहबों की तरह रहती होगी।''

इंदिरा के आने से पूर्व आनन्द भवन की शाही ज़िंदगी के चर्चे और इंदिरा के विदेश शिक्षण तथा भ्रमण की कथाएँ वहाँ पहुँच चुकी थीं। छात्र-छात्राओं को विश्वास न था कि इतने आराम की ज़िन्दगी जीने वाली लड़की वहाँ आकर पढ़ेगी।

और एक दिन जब इंदिरा शांतिनिकेतन की सरहद के निकट अचानक नज़र आईं तो यह किसी को विश्वास न हुआ कि वही वह लड़की है, जिसकी वहाँ प्रतीक्षा की जा रही है।

चारों ओर आम व ताड़ के ऊँचे-ऊँचे वृक्ष थे और उन्हीं की छायादार पगडंडियों पर एक सुन्दर लेकिन सामान्य लिबास वाली लड़की धीरे-धीरे चलती हुई उधर ही आती नज़र आई। कोई छात्र-छात्रा उसे पहचान नहीं पाया। वह इंदिरा हो सकती है –जिसका तो किसी को गुमान भी न था। चूँकि इंदिरा आएगी तो निश्चित रूप से कार में चढ़कर आएगी और उसका सामान नौकर नीचे उतारेंगे जबकि सामने से जो लड़की चली आ रही थी, उसने अपना सामान अपने हाथों में खुद उठा रखा था। एक पुरानी अटैची और एक बिस्तर। शरीर पर शुद्ध खादी की सफेद धोती।

"यह कौन हो सकती है? शायद इंदिरा नेहरू? लेकिन? लेकिन क्या, चेहरे पर देखो तो कितना तेज है, कितनी सौम्यता है, कितनी संभ्रांता है। हाँ, निश्चित रूप से यह इंदिरा नेहरू ही है।"

"शायद ?"

"शायद क्या, आज उसी के आने का तो दिन है और भला कौन-सा नया छात्र आने वाला है।"

अन्ततः उन्हें मानना ही पड़ा कि आने वाली छात्रा और कोई नहीं, बल्कि मिस नेहरू हैं। मिस नेहरू को अपने बीच पाकर वहाँ की छात्राएँ खुशी से फूल उठीं।

इंदिरा के शांति निकेतन पहुँचने पर उन्हें कोई विशेष सुख-सुविधा नहीं दी गई, चूँकि इसकी जवाहर लाल ने सख्त मनाही की थी। शांति निकेतन में रहकर इंदिरा ने कला, संस्कृति और सभ्यता के गुणों का वरण किया। इंदिरा की देह-यष्टि की कमनीयता देखकर गुरुदेव टैगोर ने उन्हें मणिपुरी नृत्य सीखने का सुझाव दिया। इंदिरा ने न सिर्फ नृत्य सीखा, बल्कि कला तथा संगीत में भी सम्यक् रुचि प्रदर्शित की।

शांति निकेतन में वे सुबह उठतीं, अपना सारा काम खुद करतीं और अपनी

पढ़ाई में निमग्न रहतीं। उन्हें कभी–कभी इलाहाबाद की, आनन्द भवन की, दादा, पापु, मम्मी, बुआ और दादी आदि की याद आती, सुख–सुविधाओं से बिताए गए दिन याद आते पर उन्हें इन सब की ज़रा भी चिंता न होती। वे जानती थीं कि उनके पापु ने उन्हें गुरुदेव टैगोर के पास महानता की शिक्षा पाने के लिए भेजा है और वे यह शिक्षा प्राप्त करके ही वहाँ से जाएँगी।

समय व्यतीत होता रहा।

उन दिनों शान्ति निकेतन में वार्षिक समारोह चल रहे थे। चारों ओर खुशियों का वातावरण था।

उस दिन विशेष रूप से इंदिरा खुश थीं, चूँकि उनके मणिपुरी नृत्य का प्रदर्शन करना था। वे मेकअप रूम में बैठी थीं और अपनी बारी आने की व्याकुलता से प्रतीक्षा कर रही थीं।

अचानक किसी ने मेकअप रूम में प्रवेश किया और कहा, ''गुरुदेव ने आपको अविलम्ब बुलाया है?'' इस प्रकार अचानक बुलाए जाने पर वे असमंजस में पड़ गईं।

वे गुरुदेव के सामने पहुँचीं तो उनके हाथ में एक तार देखकर सहम गईं। गुरुदेव ने बताया, ''बेटी, तुम्हारे पापु का टेलीग्राम आया है। तुम्हारी माँ की तबियत अचानक अधिक बिगड़ गई है। तुम्हें तत्काल इलाहाबाद आने के लिए कहा है।''

इंदिरा को बीच समारोह से उठकर जाना पड़ा।

वे अन्दर–बाहर से अपने को अकेले महापथ पर ले चलने के लिए तैयार करने लगीं। उन्हें मालूम था कि समय आ गया है, जब उन्हें जीवन-संग्राम में कूद पड़ना है।

वे भयभीत नहीं थीं।

उनके सामने गुरुदेव रवींद्रनाथ ठाकुर बैठे थे। मौन। समाधिस्थ। किंतु उनका गीत इंदिरा के कानों में गूँज रहा था–एकला चलो रे।

इंदिरा गांधी शांति निकेतन छोड़ कर, अपनी सखी–सहेलियों से विदा लेकर तथा रवींद्रनाथ ठाकुर का जीवन संदेश हृदय में सँजोकर इलाहाबाद रवाना हो गईं।

अब से अकेले ही जीवन संग्राम के पथ पर आगे बढ़ना था।

• • • •

माँ कमला का दुखद निधन

5

20 अप्रैल, 1935 को जब इंदिरा लगभग 10 माह तक की शांतिनिकेतन की पढ़ाई करके वापस लौट आईं, रवींद्रनाथ ठाकुर ने जवाहर लाल नेहरू को भरे मन से एक पत्र लिखा–

''प्रिय जवाहर,

हमारा हृदय भारी है, आज इंदिरा हमसे विदा लेकर तुम्हारे पास आ रही है। शांतिनिकेतन को उसकी बड़ी जरूरत थी, उसकी यहाँ कितनी उपयोगिता थी, यह मैं तुम्हें नहीं बता सकता। तुमने बड़े यत्न से उसका लालन-पालन किया है। मैं उसकी खुले मन से प्रशंसा करता हूँ। वह यहाँ के छात्र-समुदाय में अत्यंत लोकप्रिय थी। मैं आशा करता हूँ, समय अनुकूल होते ही तुम उसे फिर यहाँ भेजोगे, ताकि वह अपनी पढ़ाई-लिखाई में पुनः लग सके।''

लेकिन इंदिरा लौट कर दुबारा शांतिनिकेतन न जा सकीं। परिस्थितियाँ सर्वथा भिन्न थीं।

मई का महीना था।

माँ गम्भीर रूप से बीमार थीं। उनका शरीर गल कर अस्थि-पंजर मात्र रह गया था। उन्हें क्षय रोग था। जवाहर लाल नेहरू को परिस्थिति अनुमति नहीं दे रही थी, इसलिए मई में इंदिरा अपनी माँ के स्वास्थ्य लाभ के लिए उन्हें यूरोप लेकर चल पड़ीं।

इन दिनों देश की परिस्थितियाँ अधिक भयावह थीं। जवाहर लाल नेहरू लगातार जेलों में रहते थे। उन्हें इतना भी मौका नहीं दिया जाता था कि वे अपनी बीमार पत्नी की देखभाल कर सकें।

गोलमेज कांफ्रेंस का नाटक असफल हो गया था। महात्मा गांधी को भारत की धरती पर पाँव रखते ही गिरफ्तार कर लिया गया था।

जवाहर लाल नेहरू जेल में रहकर 'आत्मकथा' लिखने में तल्लीन थे और

उधर आनन्द भवन में पत्नी रोग शैय्या पर मृत्यु के लिए प्रतीक्षित थीं। अब आनन्द भवन की वह चमक-दमक न रही। उसे सजाने-सँवारने वाले ही न रहे तो किस बूते पर आनन्द भवन में आनन्द की लहरें उठतीं। जब पत्नी की तबियत अधिक बिगड़ गई तो पिता ने शीघ्र ही पुत्री को इलाहाबाद आने का निर्देश दिया।

अपनी पढ़ाई बीच में ही छोड़कर इंदिरा आ गईं।

वे अपनी माँ को लेकर अकेले ही यात्रा पर निकल पड़ीं। इंदिरा ने भरसक प्रयत्न करके माँ की सेवा की। लेकिन माँ की अवस्था उत्तरोत्तर बिगड़ती जा रही थी। इंदिरा का चिंतित होना स्वाभाविक था। एक तरफ पिता जेल में थे; दूसरी तरफ माँ मरणासन्न। नितान्त अकेली इंदिरा की समझ में कुछ नहीं आ रहा था कि क्या करें? माँ की तबियत पर उनका कोई जोर नहीं चलता था। पिता चाहते तो पल भर में उड़कर अपनी प्रिय पत्नी और प्रिय पुत्री के पास आ सकते थे। किंतु साम्राज्यवादियों की दीवारों को लाँघ कर आना नितान्त असंभव था।

फिर अचानक यह हुआ कि जवाहर लाल नेहरू को जेल से रिहा कर दिया गया। इस बीच सरकार को पता लग चुका था कि उनकी पत्नी मरणासन्न है। कैद की मियाद पूरी होने में सिर्फ एक माह रह गया था, लेकिन सरकार ने अपनी 'महान उदारता' का परिचय देने के वास्ते उन्हें पहले ही कैद से रिहा कर दिया, ताकि वे मरणासन्न पत्नी के अंतिम दर्शन से वंचित न रह सकें।

इन दिनों इंदिरा माँ के साथ जर्मनी के ब्लैक फॉरेस्ट नगर में रहती थीं। जवाहर लाल नेहरू गढ़वाल की जेल से छूटते ही सीधे वहाँ पहुँचे।

रोग शैय्या पर लेटी कमला ने अपने पति का हल्के से मुस्करा कर स्वागत किया।

लेकिन पापु के आने के बावजूद माँ की तबियत में कोई सुधार न आया। माँ की तबियत ज्यादा बिगड़ने लगी तो पापु उन्हें स्विट्जरलैण्ड ले आए। यहाँ आकर माँ के स्वास्थ्य में थोड़ा-बहुत सुधार होने लगा। इंदिरा वहीं एक नजदीकी स्कूल में अपनी पढ़ाई पूरी करने लगीं और पापु टाइपराइटर खरीद कर लेखन कर्म में जुट गए।

लेकिन भारत को जवाहर लाल नेहरू की जरूरत थी।

महात्मा गांधी के पत्र-पर-पत्र और राजेन्द्र प्रसाद के इसरार-पर-इसरार आने लगे।

अन्ततः सब कुछ छोड़कर उन्हें भारत जाना ही पड़ा।

इंदिरा तटस्थ दृष्टि से यह सब देख रही थीं, लेकिन कुछ कहती नहीं। देश को पिताजी की जरूरत थी, फिर भला वे किस मुँह से कहतीं कि वे रुक जाएँ।

अंततः 1936 में कमला नेहरू की मृत्यु हो गयी। इंदिरा अपनी माँ को खोकर

हतवाक थीं। स्विट्जरलैण्ड में अब उनका पल भर भी रहने को मन नहीं कर रहा था। अपनी प्यारी माँ के उठ जाने के बाद एकाएक वे अकेली-सी हो गई थीं।

पापु से अपनी बच्ची की यह स्थिति देखी न गई। उन्होंने सोचा कि पुनः पढ़ाई में लग जाने से शायद उसका मन बदल जाए। अतएव नेहरूजी ने उन्हें ऑक्सफोर्ड यूनिवर्सिटी में दाखिला दिला दिया, जहाँ वे इतिहास का अध्ययन करने लगीं।

1939 में वे ब्रिटेन में थीं। समय बदल रहा था। वे मन लगा कर पढ़ाई में खुद को व्यस्त रखना चाहती थीं। लेकिन बाहरी परिवर्तनों से अपने को बचाए रखना प्रायः असम्भव था। यही वह समय था जब राजनीतिक दृष्टि से इंदिरा परिपक्व हो रही थीं।

उन्होंने सोचा था कि ऑक्सफोर्ड में अपनी पढ़ाई का क्रम अब नहीं टूटने देंगी। अब तक पिताजी की जेल यात्राओं और माँ की असह्य बीमारी के कारण वे पढ़ाई के क्रम को ठीक से जारी नहीं रख सकी थीं। इस बार उन्होंने कृत संकल्प ले रखा था कि पढ़ाई में किसी प्रकार का व्यवधान न आने देंगी।

लेकिन विधि को कुछ और ही मंजूर था।

हिटलर का उन्माद उन दिनों चरम सीमा पर था। एक दिन उसने पोलैण्ड पर आक्रमण कर दिया। ब्रिटिश साम्राज्य के तत्कालीन प्रधानमंत्री को साफ नज़र आ रहा था कि हिटलर की नज़र अब उनकी तरफ है। उन्होंने हिटलर को खुश रखने की काफी कोशिश की थी, पर सभी प्रयास बेकार गए और सारे इंग्लैंड में खाइयाँ और ट्रेंच खोदे जा रहे थे, ताकि हिटलर की बम वर्षा से बचा जा सके। इसके साथ ही साम्राज्यवादियों ने चारों तरफ एक नया शिगूफा छोड़ दिया कि 'तानाशाही से लोकतंत्र को बचाओ' यह इसलिए ताकि लोगों की सहानुभूति बटोरी जा सके।

लेकिन लोकतन्त्र का दम भरने वाला इंग्लैंड भारत पर किस तरह जुल्म ढा रहा था, इससे इंदिरा भली-भाँति परिचित थीं।

इंग्लैंड की यह दुरंगी चाल देखकर इंदिरा का मन घृणा से भर गया।

इस बीच इंदिरा स्वयं अस्वस्थ हो गईं।

पढ़ाई का क्रम फिर टूट गया।

कोई साथ नहीं था, वे अकेले ही फिर स्विट्जरलैण्ड आ गईं। वहाँ हॉस्पिटल में पड़े-पड़े उन्हें हमेशा पापु की याद आती—वे वहाँ अकेले होंगे। दादा गए, माँ गईं, दो प्यारी-प्यारी बुआएँ हैं, लेकिन दोनों व्यस्त। आनन्द भवन में कौन देख-भाल करता होगा पापु की।

स्विट्जरलैण्ड में कुछ दिनों के बाद इंदिरा की बीमारी ठीक हो गई। उन्होंने सीधे स्वदेश लौटने का फैसला कर लिया।

पापु उन दिनों जेल में थे।

इंदिरा ने मन ही मन सोच लिया था कि भटकन की ज़िंदगी समाप्त करनी होगी। पिताजी को वे अकेले ही संघर्ष पथ पर नहीं गुजरने देंगी। वे भी उनका साथ देंगी।

नेहरू-कुल में जिस बलिदान की परम्परा चली आ रही थी, उससे इंदिरा भला कैसे अछूती रह सकती थीं।

लेकिन समस्या थी कि वे भारत पहुँचें कैसे?

चारों ओर हिटलर का युद्ध-नर्तन चल रहा था।

इंदिरा स्विट्जरलैण्ड से फ्रांस पहुँचीं, वहाँ से पुर्तगाल फिर स्पेन और फिर इंग्लैंड पहुँचीं। यहाँ स्वेज़ नहर पार करके आगे बढ़ना था। लेकिन जहाज़ कम्पनी वाले हिटलर की पनडुब्बियों के डर के मारे जहाज़ चला नहीं रहे थे। वह मार्ग खुला रहता तो भारत जल्दी पहुँचा जा सकता था, पर जब मार्ग ही अवरुद्ध हो तो कैसे पहुँचा जाए?

अंततः आशा अन्तरीप वाले पुराने मार्ग से इंदिरा ने आगे का सफर तय किया, जो लम्बा था और स्वेज़ नहर बनने से पूर्व काम में लाया जाता था। वे जिस जहाज़ पर सवार थीं उसमें दो और भारतीय मुसाफिर यात्रा कर रहे थे। इनके नाम थे— फिरोज गांधी और भूपेश गुप्त। फिरोज भी कमला नेहरू को देखने के सिलसिले में यूरोप गए हुए थे। वे शुरू से उनकी निःस्वार्थ भाव से सेवा करते आए थे। इलाहाबाद में भी उन्होंने उनकी खूब सेवा की थी।

भारत आकर इंदिरा सबसे पहले आनन्द भवन गईं और फिर वहाँ से कोलकाता। उनका स्वास्थ्य अभी चिंताजनक था। कोलकाता के सुप्रसिद्ध चिकित्सक डॉ. विधान चन्द्र राय (जो बाद में पश्चिम बंगाल के मुख्यमंत्री बने) ने इंदिरा की चिकित्सा का बीड़ा उठा लिया और स्वस्थ होने पर वे वहाँ से मसूरी चली गईं, जहाँ उनकी बुआ रहती थीं। पास ही देहरादून जेल में पापु थे।

इन्हीं दिनों इंदिरा ने पापु और दोनों बुआओं को अपने विवाह के बारे में निर्णय सुना दिया कि वे अपना जीवन साथी फिरोज को चुनना चाहती हैं।

हालाँकि शुरू-शुरू में पापु, दोनों बुआओं तथा निकटवर्ती रिश्तेदारों ने इंदिरा को जीवन साथी चुनने में जल्दबाजी करने से रोका तथा निर्णय पर पुनर्विचार के लिए सुझाव दिया।

लेकिन इंदिरा में एक यह सबसे बड़ी खूबी रही थी कि वे जो एक बार निर्णय ले लेती थीं, उससे फिर पीछे नहीं हटती थीं।

• • • •

फिरोज गांधी से विवाह

6

इंदिरा गांधी का जन्म तब हुआ था, जब भारत में स्वतंत्रता संग्राम की लहर चल रही थी। एक प्रकार से इंदिरा का जन्म क्रांति काल में हुआ था। वे क्रांति की उपज थीं, यह उन्होंने बाद में अपने क्रिया कलापों से जाहिर भी कर दिया। उन्हें जिस प्रकार खुले वातावरण में शिक्षा-दीक्षा प्राप्त हुई थी, उसके कारण उनके निकट; धर्म या जाति-पाँति को लेकर किसी प्रकार की संकीर्ण विचारधारा का स्थान न था। यही सबसे बड़ा कारण था कि उन्होंने सारे सामाजिक बन्धनों की परवाह न करते हुए फिरोज गांधी से विवाह करने की ठानी।

इंदिराजी के विवाह को लेकर तत्कालीन समाज में खासी हलचल मच गई थी। धर्म और समाज के ठेकेदार बनने वालों ने इसका भरसक विरोध किया। कई प्रकार की आपत्तियाँ उठायी गईं।

इंदिराजी का सबसे ज्यादा साथ दिया जवाहर लाल नेहरू ने। उन्होंने सारे विरोधों को दरकिनार रखते हुए कहा—"फिरोज को मैं वर्षों से जानता हूँ। वह प्राय: आनन्द भवन आता है। कमला की बीमारी के दौरान उसने उसकी नि:स्वार्थ भाव से सेवा की थी। पारसी है तो क्या हुआ? है तो इंसान! उसकी योग्यता के क्या कहने! वह इंग्लैंड का स्नातक है और सबसे बड़ी बात तो यह है कि इंदु ने उसे पसन्द किया है। अगर इंदु उसके साथ अपना शेष जीवन बिताना चाहती है तो किसी को क्या आपत्ति।"

नेहरू जी ने किसी की बात नहीं सुनी और इंदिराजी के निर्णय के पक्ष में खड़े हो गए। उन्होंने यथाशीघ्र फिरोज और इंदिरा को परिणय-सूत्र में बाँधने का निर्णय कर लिया।

इंदिरा नेहरू जी की इकलौती बेटी थीं। बड़े लाड़-प्यार से उन्हें पाला था। वे चाहते थे कि उसका विवाह काफी धूमधाम से किया जाए। वे बड़ी हसरत से इंदिराजी के विवाह की बाट जोह रहे थे। अब जब विवाह का मुहूर्त पास आ गया था तो उनकी तमन्ना थी कि उसे उत्साहपूर्वक संपन्न किया जाए।

लेकिन महात्मा गांधी ने सारी स्थिति का गम्भीरता से अध्ययन किया था। उन्होंने नेहरू जी की एक भी न चलने दी। उनका विचार था कि विवाह अत्यंत सादे समारोह के अंतर्गत सम्पन्न कराया जाए। बाहर के किसी अतिथि को आमंत्रित न किया जाए। बस, घर के कुछ सदस्यों के बीच ही शादी की रस्म पूर्ण की जाए। उन्होंने 4 मार्च 1942 को सेवाग्राम से एक पत्र नेहरू जी के नाम लिखा, जिसमें राय दी—"इंदु के विवाह के अवसर पर अगर मेरा सुझाव मानो तो बाहर से किसी को बुलाने का झंझट मत करो। इलाहाबाद में जो खास-खास परिचित हैं, उनमें से कुछ को साक्षी के लिए आमंत्रित कर लो। तुम विवाह की सूचना चाहो तो सभी को भेज सकते हो, पर यह साफ लिख देना कि उन्हें आने का कष्ट उठाने की जरूरत नहीं, वे मात्र नवदम्पति को अपना आशीर्वाद भेज दें। लेकिन यह सब करने से पूर्व इंदु की राय ले लेना। उसकी इसमें रजामंदी होनी आवश्यक है। विवाह उसका है, वह जैसा चाहे, निर्णय ले सकती है।"

लेकिन इंदिरा अपने बुजुर्गों के फैसले के सम्मुख नतसिर थीं। महात्मा गांधी या उनके पापुजी जैसा उपयुक्त समझें, विवाह की रस्म पूरी कराएँ, उन्हें कोई आपत्ति नहीं थीं।

26 मार्च 1942 का दिन आया, जिस दिन इंदिराजी की नई ज़िंदगी शुरू होने जा रही थी। उस दिन खूब रौनक थी। आनन्द भवन कई दिनों से सूना पड़ा था, लेकिन आज उसे खासतौर पर सजाया गया था। क्यों न सजाया जाए, आज जवाहर की लाडली पुत्री का विवाह होने वाला था। नेहरू जी बहुत खुश नज़र आ रहे थे। हर बाप इस मौके पर खुश होता है। हर बाप इस खुशी के मौके का बेसब्री से इंतजार करता है।

इंदिरा को सजा-सँवार कर वेदी पर लाया गया। उन्होंने सादी सूती साड़ी पहन रखी थी। इस साड़ी में वे बहुत सुन्दर लग रही थीं। वे बेहद खुश थीं। अंतत: सारे विरोधों के बावजूद उन्हें अपना मनचाहा मीत मिल रहा था। रात को फेरे हुए। विवाह की रस्में वैदिक रीति से निर्विघ्न संपन्न हुईं।

अब इंदिरा को बाबुल का घर छोड़कर पिया के घर जाना था। पिता ने भरे मन से लेकिन खुशी-खुशी अपनी बेटी को ससुराल के लिए विदा किया। पापु का भावुक मन अंदर ही अंदर पसीज गया था और आँखों में आँसू छलछला आए थे।

इंदिराजी अपने पापु का घर 'आनन्द भवन' छोड़कर पति के साथ चली गईं। पति का घर इलाहाबाद में ही टाउन हॉल में था। अब उन्हें वहीं रहना था।

1944 में उनके घर में राजीव ने जन्म लिया फिर 1946 में संजय ने। बड़े

होकर वे दोनों इंग्लैंड में इंजीनियरिंग की उच्च शिक्षा के लिए रवाना हो गए। यही नेहरू जी की इच्छा थी। वे कहा करते थे कि आने वाले समय में भारत को इंजीनियरों की जरूरत होगी। दोनों बच्चों ने अपने नाना की इच्छा पूर्ति के लिए इंजीनियरिंग का कोर्स अंगीकृत किया।

स्वतंत्रता संग्राम जोरों पर था।

खुद फिरोज गांधी स्वतंत्रता संग्राम के महत्ती सेनानी थे। पत्नी भी उन्हें उसी रंग में रँगी हुई मिली। पति-पत्नी दोनों ने मिलकर स्वतंत्रता संग्राम में एक साथ कूद कर काम करने का फैसला किया। विवाह के कुछ महीनों के बाद ही उनकी क्रांतिदर्शी कारगुजारियाँ बढ़ गयीं। फलस्वरूप शीघ्र ही दोनों को जेल की सज़ा भुगतनी पड़ी।

किंतु राष्ट्रीय जीवन में एक नई और गर्म लहर चल रही थी। अगस्त आते-आते मुम्बई में एक नए अभियान की तैयारी आरम्भ हो गई थी। छोटी बुआ कृष्णा मुम्बई में ही रहती थीं। पापु के साथ इंदु तथा फिरोज मुम्बई उन्हीं के पास जाकर ठहरे हुए थे। अचानक एक दिन पुलिस ने आकर उनका दरवाजा खटखटाया और बुआ और पापु को पकड़ कर ले गई। उधर महात्मा गांधी भी गिरफ्तार थे।

किसी को पता नहीं था कि जवाहर कहाँ हैं या गांधी जी कहाँ हैं? सारा राष्ट्र चिंतित था। साम्राज्यवादियों की सरकार ने ऐलान किया कि चूँकि भारतीय नेता तोड़-फोड़ पर उतारू थे इसलिए वे गिरफ्तार कर लिए गए हैं।

सारी जनता भड़क गई थी। 'करो या मरो' तथा 'अंग्रेजों! भारत छोड़ो' के नारे गली-गली में गूँज रहे थे। साथ ही अंग्रेजों की गोलियाँ भी चल रही थीं।

पापु के अज्ञातवास से इंदिरा चिंतित थीं। फिरोज और इंदिरा मुम्बई से चले आए। पर शीघ्र ही बिछड़ गए। फिरोज अपने भूमिगत कार्यक्रमों में लिप्त हो गए, उधर इंदिरा भी स्वतंत्रता संग्राम में कूद पड़ी थीं। एक दिन पता चला कि इंदिरा किसी सभा में झंडा फहराने जा रही थीं। हालांकि ऐसा होना मुमकिन नहीं था, चूँकि पुलिस की सख्ती थी। लेकिन सख्ती के बावजूद उस सभा में छात्रों का विशाल समूह एकत्र होने लगा। जहाँ-तहाँ से अनेक लोग एकत्र होकर इंदिराजी को सुनने पहुँच गए। पुलिस को पता चला तो संगीनें लेकर सारी सभा को घेर लिया। इंदिराजी का भाषण मुश्किल से पाँच मिनट चला होगा कि पुलिस ने चेतावनी देनी आरम्भ कर दी—"भाषण बन्द कर दो अन्यथा गोलियों से सबको भूनकर रख दिया जाएगा।"

लेकिन गोली चलाने से पहले ही कोई युवक एक गोरे की संगीन पर झपट पड़ा—"ख़बरदार।"

यह और कोई नहीं फिरोज थे। वे पिछले कई दिनों से लापता थे, लेकिन जब उन्हें पता चला कि इंदिराजी की सभा में पुलिस गड़बड़ करना चाहती है तो वे अपने को रोक न सके और सीधे वहाँ पहुँच गए।

बिछुड़े हुए नवदम्पति अचानक इस हंगामे भरी हालत में कुछ देर को मिले, पर जल्दी ही फिर बिछड़ गए। दोनों को गिरफ्तार कर लिया गया और जेलों की दीवारों के पीछे जुदा-जुदा कमरों में कैद कर लिया गया।

इंदिरा ने तो अभी विवाह के संजोए हुए सपनों को फलते भी न देखा था कि यह कहर ढह गया। विवाह के मात्र 6 महीनों के बाद ही वे साम्राज्यवादियों की जेलों में अलग-अलग बन्द थे।

लेकिन इंदिरा को परवाह न थी। जानती थीं कि देश को आज़ादी दिलानी है तो कुर्बानी देने से किसी प्रकार पीछे नहीं हटना चाहिए।

फिरोज का सारा जीवन संघर्षों और परीक्षाओं के मध्य बीता था।

स्वतंत्रता प्राप्ति के बाद भी फिरोज चुप नहीं रहे, बल्कि देश के नव-निर्माण में सक्रिय सहयोग देते रहे। वे सांसद बने। संसद में उनकी निर्भीक वाणी हमेशा सत्य का आह्वान करती थी। आज भी भारतीय संसद में उनकी निर्भीकता को सराहा जाता है।

फिरोज का निधन 8 सितम्बर 1960 को हुआ था।

• • • •

सक्रिय राजनीति में 7

रूस की महान क्रांति का सफल वर्ष था, जब इंदिरा गांधी का जन्म हुआ था। सम्पूर्ण विश्व के राजनीतिक मंच पर तेजी से परिवर्तन हो रहे थे।

भारत भी उन दिनों निर्णायक दौर से गुजर रहा था, क्योंकि स्वतंत्रता-संग्राम ने अपना स्वरूप निश्चित कर लिया था। रूस की सफल क्रांति ने भारत की राजनीति को काफी प्रभावित किया था। भारत की नई पीढ़ी विशेष रूप से रूस की क्रांति की तरफ उत्सुकता से निहार रही थी। यह भी वही मार्ग अपना कर अंग्रेजों को भारत से खदेड़ना चाहती थी, पर राजनीति का पूरा संचालन महात्मा गांधी के हाथ में था।

इंदिराजी का जिस परिवार में जन्म हुआ था, उसका प्रत्येक छोटा-बड़ा सदस्य भारत की परतन्त्रता की बेड़ियों को काटने के लिए अपना जीवन उत्सर्ग कर चुका था।

वास्तविकता यह थी कि आनन्द भवन, उन दिनों भारत की राजनीति का केन्द्रस्थल था। वहाँ महात्मा गांधी, मालवीय, लाला लाजपतराय तथा देशी-विदेशी अनेकानेक नेता आते थे और राजनीतिक स्थितियों पर बहस होती रहती थी। इसलिए इंदिराजी का रोम-रोम राजनीति में रचने-बसने लगा। इसमें किसी को आश्चर्य नहीं होना चाहिए कि जैसे ही उन्होंने होश संभाला, वैसे ही स्वतंत्रता-संग्राम में अपना सक्रिय सहयोग देने के लिए कटिबद्ध हो गईं। इंदिराजी ने अपने संस्मरणों में कहीं लिखा है कि 'जब वे तीन वर्ष की थीं, तभी से राजनीति में रुचि लेने लगी थीं।' गोवा में 1921 में जब कांग्रेस का अधिवेशन हुआ था तो नन्ही इंदिरा भी वहाँ गई थीं और सारी कार्यवाहियों को उन्होंने सम्यक भाव से देखा-सुना था।

इंदिराजी जब कुछ बड़ी हुईं तो उनके मन में भी कुछ कर गुजरने की इच्छा जाग्रत होने लगी। वे भी गतिशील रहकर देश की सेवा करना चाहती थीं। पर जिस गम्भीरता से दादा, पापु या गांधी तथा अन्योन्य नेता राजनीति में योगदान दे रहे थे,

उसे देखकर इंदिरा को अपनी उम्र कम महसूस हुई। उम्र कम हो सकती थी, पर साहस का उनमें अभाव नहीं था। उन्होंने अड़ोस-पड़ोस से अपने नन्हे-मुन्ने साथियों को एकत्र किया और वानर सेना का गठन किया। सेना के सभी सदस्य इंदिराजी की उम्र के लड़के-लड़कियाँ थे। इंदिराजी ने इस सेना का नेतृत्व सम्भाला। उनका मुख्य काम था जख्मी जुलूसियों की सेवा करना, प्यासों को पानी पिलाना, नेताओं के संदेश जहाँ-तहाँ पहुँचाना और इसी प्रकार के अन्य सहायता कार्य करके स्वतंत्रता-संग्राम में सहयोग प्रदान करना। यों देखने में ये काम बच्चों के खेल लग सकते हैं, लेकिन कल्पना कीजिए उस युग की, जब इस प्रकार के काम स्वतंत्रता संग्राम में लगे सेनानियों की किस हद तक सहायता करते होंगे। व्यस्त नेता अपने छोटे-मोटे काम, वानर सेना को सौंप कर निश्चिंत थे। अपने इन्हीं महत्वपूर्ण कामों की वजह से उस समय 'वानर सेना' की सदस्य संख्या साठ हजार के लगभग थी, जो अपने-आप में काफी बड़ी संख्या थी।

1929 में महात्मा गांधी ने भारत को एक नया नारा प्रदान किया, 'स्वदेशी माल अपनाओ तथा विदेशी माल का बहिष्कार करो'। देश की जनता ने जैसे ही यह नया उद्देश्य सुना तो देश के कोने-कोने में विदेशी माल की होली जलाई जाने लगी। 'आनन्द भवन' भी इस लहर से अप्रभावित नहीं था, वहाँ भी विदेशी माल एकत्र कर होली का आयोजन किया गया। बालिका इंदिरा पर इस घटना का बड़ा तीव्र असर हुआ, उनकी वानर सेना ने विदेशी माल के बहिष्कार में बढ़-चढ़ कर हिस्सा लिया।

1930 की 26 जनवरी। लाहौर का रावी तट। यह वही अवसर था जब इस तट पर 'पूर्ण स्वराज्य' पाने का दृढ़ संकल्प किया गया था। इंदिराजी का हृदय उस समय इस संकल्प के प्रति पूर्ण समर्पित था उन्होंने कहा था, "26 जनवरी 1930 को जब असंख्य भारतवासी 'पूर्ण स्वराज्य' का व्रत लेकर अपने लक्ष्य की ओर पहुँचने का बीड़ा उठा रहे थे, तब मैं उस मौके पर अलग नहीं थी। उस संकल्प में मेरा भी छोटा-सा योगदान रहा है।"

इंदिराजी 20 वर्ष की होते ही राजनीति में सक्रिय भाग लेने लगी थीं। उनके उत्साह, लगन और काम को देखकर कांग्रेस के नेताओं ने उन्हें पार्टी की युवक सलाहकार कमेटी का सदस्य मनोनीत किया।

जब 1941 में इंदिराजी इंग्लैंड की पढ़ाई छोड़कर भारत वापस आयीं तो भारत संघर्ष की चरम स्थिति पर पहुँचा हुआ था। कांग्रेस अंग्रेजों को भारत से निकालने के लिए कोई ठोस कदम उठाने के लिए प्रयास कर रही थी। 1942 में 'भारत छोड़ो' आंदोलन चलाया गया। यह आंदोलन इतना तीव्र था कि गोरी सरकार घबरा गई और उसका दमन-चक्र पहले से भी अधिक तेज़ हो गया। सभी बड़े-बड़े नेता तथा

कार्यकर्त्ता पकड़े जाने लगे। इन्हीं दिनों इंदिराजी भी गिरफ्तार कर ली गयीं। फिरोज गांधी और इंदिराजी ने एक साथ 13 माह तक जेल में समय काटा। दोनों का 6 माह पहले ही विवाह हुआ था।

देश की स्वतंत्रता के लिए क्या कुछ न करना पड़ा, यह किसी से छिपा नहीं है। जिस देश के सपूत अपनी जान की परवाह न कर विदेशी हुकूमत से टकरा जाने में ज़रा भी न हिचकते हों, उस देश को कौन परतंत्र बनाए रख सकता है? अन्ततः शहीदों का बलिदान फलीभूत हुआ और देश आज़ाद हुआ।

उस समय देश में कितनी खुशी मनाई गई, इसकी कल्पना नहीं की जा सकती।

स्वतंत्र भारत के प्रथम प्रधानमंत्री बने श्री जवाहर लाल नेहरू। नेहरू जी ने आजादी की लड़ाई में जिस प्रकार बढ़-चढ़ कर हिस्सा लिया था। फलस्वरूप प्रधानमंत्री का पद उनके सर्वथा उपयुक्त था। इंदिराजी अपने पिता की सहयोगी बनीं। पिता की व्यस्तता को देखते हुए इंदिराजी उनके कामों में भरपूर सहयोग प्रदान करती थीं। नेहरू जी जहाँ जाते, इंदिराजी उनके साथ होतीं। इंदिरा ने लगभग सारी दुनिया में लोगों को, लोगों के रस्मों-रिवाज और बोली-व्यवहार को अपनी आँखों से देखा। उन्होंने अनेक देशों के महान नेताओं और कर्णधारों के दर्शन किए, उनके विचार सुने।

इन सबका यह लाभ हुआ कि इंदिराजी अनुभव और कार्य कुशलता में निपुण होती गयीं।

इंदिराजी का पहले विचार था कि वे इसी प्रकार अपने पिता को सहयोग प्रदान करती रहेंगी और सक्रिय राजनीति में नहीं जाएँगी। पर भारत को इंदिराजी की जरूरत थी, यह सभी बड़े नेता जानते थे। विशेषकर गोविन्द वल्लभ पंत और लाल बहादुर शास्त्री हमेशा उन्हें राजनीति की ओर ध्यान देने का सुझाव देते रहते थे। उन्होंने खुद स्वीकार किया था, 'मैंने जब-जब राजनीति से अलग हटने की बात सोची, तब-तब पन्तजी और शास्त्री जी मुझे राजनीति में बने रहने की प्रेरणा देते। मैं आज जिस स्थिति में हूँ, उसमें इन्हीं महान नेताओं का आशीर्वाद है।'

इंदिराजी कांग्रेस दल तथा दल के बाहर जनता में शुरू से ही लोकप्रिय रही थीं। 1955 में वे अखिल भारत कांग्रेस कार्यकारिणी समिति के लिए चुनी गई थीं। चुने गए सदस्यों में सबसे अधिक मत इंदिराजी को ही प्राप्त हुए थे। यह इस बात का संकेत था कि वे दल में काफी लोकप्रिय थीं। उन्होंने दल में "ग्राम सम्पर्क आंदोलन" आरम्भ किया, ताकि ग्रामों की समस्याओं को राष्ट्रीय स्वरूप प्रदान किया जा सके। वे अत्यंत लगन से दल का काम करती थीं। उनकी लगन और उत्साह को देखकर दल ने उनके कंधों पर और भी बड़ी ज़िम्मेदारी सौंपने की बात सोची। 1956 में उन्हें दल का अध्यक्ष चुन लिया गया। इसके पहले नेहरू परिवार

से मोती लाल नेहरू भी दल के प्रधान चुने गए थे।

जिस समय इंदिराजी कांग्रेस की अध्यक्षा बनी थीं, दल में बड़ी उलझनें व्याप्त थीं। दल के कार्यकर्त्ता, सदस्य और नेता असंतुष्ट थे। फूट के आसार थे। राष्ट्रीय स्तर पर देश को टुकड़ों में बाँटा जा रहा था। कभी महाराष्ट्र की माँग उठती तो कभी गुजरात की। काफी अशांति थी। इंदिरा गांधी दृढ़ निश्चयी थीं। वे इन स्थितियों में घबराने वाली नहीं थीं। उन्होंने अत्यन्त दूरदर्शिता, कुशलता तथा संयम से सभी तत्कालीन समस्याओं का निबटारा किया। भाषा के सवाल पर उन्होंने गुजरात और महाराष्ट्र के अलग-अलग सूत्रों का समर्थन किया। केरल में उस समय साम्यवादी मंत्रिमण्डल था। इंदिराजी की बुद्धिमानी से वहाँ भी शांति की स्थापना हुई।

उनके सफल कामों को देखकर शीघ्र ही उन्हें कांग्रेस की केंद्रीय चुनाव समिति तथा संसदीय बोर्ड का सदस्य चुना गया।

1962 में चीन का आक्रमण हुआ तो इंदिराजी ने बड़ी महत्ती भूमिका निभाई। उन्होंने देश के कोने-कोने में जाकर लोगों को उत्साहित किया और एकजुट होकर उस संकट से मुकाबला करने का आह्वान किया। सारा राष्ट्र आक्रान्ता के विरुद्ध खड़ा होकर इंदिराजी के साथ हो गया। इंदिराजी सीमा की अग्रिम चौकियों तक गईं और जवानों का हौंसला बढ़ाया। नागरिक केंद्रीय सभा की चेयरमैन की हैसियत से किए गए उनके कार्यों की सर्वत्र प्रशंसा हुई।

नेहरूजी का निधन

नेहरूजी इधर प्राय: अस्वस्थ रहने लगे थे। राष्ट्र अपने प्रिय नेता की तबियत के प्रति चिन्तित था।

27 मई 1964। यह वह मनहूस दिन था, जब राष्ट्र को अपने महान नेता से वंचित होना पड़ा। नेहरूजी इस संसार में नहीं रहे। इंदिराजी का हृदय मर्माहत हो गया। इंदिराजी ने धैर्य और संयम से इस चोट को झेला और नए सिरे से राष्ट्र की सेवा में संलग्न हो गयीं।

नेहरूजी के बाद उनके सुयोग्य उत्तराधिकारी श्री लाल बहादुर शास्त्री को राष्ट्र का प्रधानमंत्री बनाया। शास्त्री जी जानते थे कि इंदिरा गांधी पिता के निकट सम्पर्क में रहने के कारण अत्यंत अनुभवी हैं। इसलिए वे उन्हें अपने मंत्रिमंडल में लेना चाहते थे, लेकिन इंदिराजी बाहर रहकर ही राष्ट्र-सेवा करना चाहती थीं। लेकिन शास्त्री जी के इसरार और राष्ट्र की इच्छा के सामने इंदिराजी को झुकना ही पड़ा और उन्होंने सूचना तथा प्रसारण मंत्रालय का काम देखना स्वीकार कर लिया।

1965 में पाकिस्तानी आक्रमण हुआ। सारे राष्ट्र ने एकजुट होकर इस संकट

का मुकाबला किया। इंदिराजी पूर्व की भाँति इस बार भी देश को एकताबद्ध होने का संदेश देती रहीं। भारत इस आक्रमण में न सिर्फ खरा उतरा, बल्कि विजयी होकर आक्रमणकारी को सीमा से दूर भगाया।

फिर आरम्भ हुई शांति वार्ता।

लाल बहादुर शास्त्री सोवियत रूस की भूमि पर पाकिस्तानी नेताओं से वार्ता करने ताशकंद गए। वहाँ उन्होंने 'ताशकंद समझौते' पर हस्ताक्षर किए और इस संसार से विदा हो गए। सारा राष्ट्र उनके बिछोह से गमगीन हो गया।

शास्त्री जी के बाद संसद में बाकायदा प्रधानमंत्री के पद का चुनाव हुआ। सर्व सम्मति से इस पद के लिए इंदिरा गांधी चुन ली गयीं। भारत की प्रथम महिला प्रधानमंत्री पद संभालने के बाद उन्होंने संकल्प लिया कि भारत की प्रगति उनका परम लक्ष्य होगा।

नेहरू जी ने वर्षों पूर्व 8 अगस्त 1933 को अपने एक पत्र में इंदिराजी को लिखा था– "भविष्य की निर्माता तुम और तुम्हारी पीढ़ी है।"

प्रधानमंत्री के पद पर आसीन होते ही इंदिराजी को अपने पिता की बात याद आई। उन्होंने निश्चय किया कि भारत का भविष्य संवारने के लिए वे कृत संकल्प होंगी। लेकिन इसके लिए जिस अथक काम की अपेक्षा थी, उससे वे अनजान न थीं। क्योंकि उन्हें दादा का वचन भी याद था। उन्होंने कहा था—"दुनिया में दो प्रकार के लोग होते हैं। एक वे जो सचमुच काम करते हैं, दूसरे वे जो दूसरे के किए काम में अपना श्रेय बटोरते हैं। तुम खूब काम करना, क्योंकि सच्चा मनुष्य वही होता है।"

प्रधानमंत्रित्व के अपने संपूर्ण कार्यकाल में इंदिरा गांधी ने जो-जो काम किए, वे किसी से छिपे नहीं हैं। निःसंदेह भारत उनके परिश्रम से आज काफी मजबूत स्थिति में है।

• • • •

प्रधानमंत्री के पद पर 8

इंदिरा गांधी प्रधानमंत्री के पद पर आसीन थीं।

देश की आंतरिक स्थिति में मजबूती आ रही थी, खाद्य, उद्योग तथा विज्ञान के क्षेत्र में उल्लेखनीय प्रगति हो रही थी। विदेश नीति के अंतर्गत सभी देशों से बराबरी के आधार पर भाईचारे की भावना बल पकड़ रही थी।

इधर कांग्रेस दल में बड़ी उथल-पुथल होने की सम्भावना जोर पकड़ रही थी।

1969 में बंगलौर में कांग्रेस का अधिवेशन हुआ। यह अधिवेशन ऐतिहासिक महत्त्व रखता है, चूँकि इस अधिवेशन में देश की राजनीति ने स्पष्ट मोड़ लिया। कांग्रेस में जिन दो दलों का बीच-बीच में सैद्धांतिक टकराव हो जाया करता था, इस अधिवेशन में उनके मतभेद खुलकर सामने आ गए। एक कांग्रेस दल में साफ दो-दो राजनीतिक पार्टियाँ नज़र आ रही थीं, एक पार्टी की नेता थीं इंदिरा गांधी, दूसरी पार्टी के नेता थे श्री कामराज देसाई।

इंदिराजी ने कांग्रेस की प्रगतिशील नीतियों को अमली जामा पहनाने के लिए सभी बड़े बैंकों का राष्ट्रीयकरण कर दिया। राजाओं, महाराजाओं को प्रतिबंधित कर दिया गया, शहरी हटबंदी लागू कर दी, भूमिहीन किसानों को भूमि वितरित की गई। आर्थिक स्थिति को अधिक मजबूत करने के लिए वित्त मंत्रालय तत्कालीन वित्तमंत्री श्री मोरारजी देसाई से ले लिया गया।

देश का सफलतापूर्वक संचालन कर गुजरने के एवज में इंदिराजी को जनता का भरसक प्यार और समर्थन मिला।

इस बीच 1971 का चुनाव आ गया।

एक तरफ अकेली इंदिरा गांधी थीं, दूसरी तरफ इंदिरा विरोधी अनेक दल और नेतागण। विरोधियों का चुनावी नारा था– ''इंदिरा हटाओ।''

इंदिराजी का नारा था– ''गरीबी हटाओ।''

चुनाव प्रचार तेज होता गया। विरोधी दलों के पास कोई स्पष्ट कार्यक्रम न था,

उनके घोषणा पत्र में आर्थिक कार्यक्रमों की तरफ ज़रा भी ध्यान नहीं दिया गया था। उन्होंने चुनाव की लड़ाई का एक ही मुद्दा बना रखा था– इंदिरा हटाओ।

जब कि जनता के पास इंदिरा गांधी में विश्वास करने के पर्याप्त कारण थे— इंदिराजी गरीबी को हटाना चाहती हैं अगर उन्हें देश का नेतृत्व प्रदान किया जाए तो जनता खुशहाल हो सकती है।

मार्च 1971 में चुनाव संपन्न हुए।

जब चुनाव के नतीजे घोषित हुए तो वे काफी चौंकने वाली थे। जनता ने भारी मत से इंदिराजी के नेतृत्व में विश्वास प्रकट किया था और उन्हें आगे भी अपनी प्रगतिशील नीतियाँ जारी रखने का अधिकार सौंपा था।

लोकसभा की 518 सीटों में से इंदिरा कांग्रेस को लगभग साढ़े तीन सौ सीटें मिली थीं। यह इंदिरा गांधी की उनकी नीतियों की, उनके द्वारा किए महान आश्वासनों की जीत थी।

चुनाव जीत कर इंदिराजी ने कहा था, "अब हमारा काम नए सिरे से आरम्भ होगा। हमारे मार्ग में जो रुकावटें और बाधाएँ थीं, उनसे हम आज़ाद हो गए हैं। जनता ने मुझ पर जो विश्वास प्रकट किया है, उसमें मैं खरी उतरने का भरपूर प्रयास करूँगी।"

उस दिन से देश में फैली भुखमरी, गरीबी, अशिक्षा, बीमारी आदि का खात्मा करने के लिए इंदिरा गांधी कमर कसकर खड़ी हो गईं। उन्होंने बड़ी तेजी से कदम उठाए और जनता तक खुशहाली पहुँचाने का प्रयास किया।

लेकिन इतना विशाल भारत और इतनी विशाल समस्याएँ। इंदिराजी जितना भारत को खुशहाल बनाने का प्रयास करती, वैसे–वैसे उन्हें आभास होता कि उनके कार्यक्रमों का फल आम जनता तक नहीं पहुँचता। गरीबी हटाने का उन्होंने जो वायदा किया था, उसे वे भूली नहीं थीं। लेकिन उन्हें महसूस हो रहा था कि विशाल भारत की भूख को मिटाने में अभी वक्त लगेगा। हाँ, प्रक्रिया आरंभ थी और लोगों तक उसका लाभ भी पहुँच रहा था।

पर जनता अधीर थी। 1971 में किए गए वायदों को वह यथाशीघ्र कार्यान्वित देखना चाहती थी। वस्तुतः इंदिरा गांधी ने स्वयं जनता की आशाओं, आकांक्षाओं और जरूरतों को इतनी हवा दी, उन्हें इतना उभार दिया था कि वे जनता के दिमाग में हमेशा शोर करती रहतीं। जनता–जो चुपचाप अपनी तकलीफों के दिन बर्दाश्त कर रही थी, इंदिरा गांधी के वक्तव्यों से जान चुकी थी कि गरीबी हट सकती है, अगर इंदिरा को वोट दिया जाए। उन्होंने इंदिरा गांधी को वोट दे दिए, लेकिन गरीबी बदस्तूर जहाँ की तहाँ थी। दरअसल, जनता की मजबूरी है कि वह सबकुछ निरंतर

बर्दाश्त कर सकती है। इसलिए चालाक राजनीतिज्ञ जनता की आकांक्षाओं को भी नहीं उकसाते, लेकिन इंदिरा गांधी ऐसी राजनीतिज्ञ थीं, जो मानवीय संवेदनाओं से परिपूर्ण थीं, सो जनता को बरगलाने की धूर्तता वे नहीं कर सकीं।

अब जनता को यह यथास्थिति पसंद नहीं थी और इस रोष का फायदा उठाया विरोधी दलों ने।

इंदिरा गांधी जनता के रोष को देख-समझ रही थीं।

जनता के इस रोष को अनदेखा करना उनके स्वभाव में कभी नहीं रहा। उन्हें आशंका यह भी थी कि विपक्षी दल इस स्थिति को अधिक विस्फोटक न बना दें। उन्होंने तत्काल फैसला किया कि कुछ बड़े कदम उठाने चाहिए, जिससे जनता तक लाभ पहुँचे। उन्होंने कई योजनाएँ बनाईं।

इस बीच इलाहाबाद हाईकोर्ट ने उनके चुनाव के विरुद्ध अपना फैसला सुना दिया। उनका चुनाव अवैध घोषित कर दिया गया तथा साथ ही आगामी छः वर्षों तक उनके चुनाव लड़ने पर प्रतिबंध भी लगा दिया गया।

इस फैसले के विरुद्ध इंदिरा गांधी ने सुप्रीम कोर्ट में अपील की।

मगर इससे पहले हाईकोर्ट का फैसला सुनने पर इंदिरा गांधी यह फैसला कर चुकी थीं कि उन्हें प्रधानमंत्री के पद से त्याग पत्र दे देना चाहिए। शक्ति और सत्ता को त्यागने का विचार कर पाना बहुत दिलेरी है, जिसका उन्होंने परिचय देने में ज़रा भी विलम्ब नहीं किया।

लेकिन इंदिरा गांधी त्याग पत्र देतीं तो उनके साथ अनेक सत्ताधारी व सत्ता से फायदा उठाने वाले लोग शक्ति और श्री विहीन हो जाते। ऐसी संभावना है कि ऐसे ही लोगों ने इंदिरा गांधी को सत्ता में बने रहने का सुझाव दिया और कानून के कुछ तकनीकी पहलुओं का हवाला देकर बताया कि यह असम्भव नहीं।

इंदिरा गांधी यह अनुरोध टाल नहीं सकीं। यह मान लेना चाहिए कि इंदिरा गांधी भी इंसान होने के नाते सत्ता के मोह से विमुख नहीं हो सकीं या हुईं भी तो लोगों ने उनमें सत्ता मोह पुनः जाग्रत कर दिया।

उनके सत्ता में बने रहने को कोई कानूनन चुनौती न दे सके, इसके लिए उन्होंने एक अभूतपूर्व कदम उठाया। 25 जून 1975 को उन्होंने देश में आंतरिक आपात स्थिति लागू कर दी।

इसकी एक वजह और भी थी। वो यह कि 1974-75 में जय प्रकाश नारायण (जे.पी.) के नेतृत्व में सारे भारत में आन्दोलन का सूत्रपात हो चुका था। सभी विपक्षी दल जय प्रकाश नारायण की विपुल लोकप्रियता का लाभ उठाने को उनके

ईर्द-गिर्द जमा हो गए। इंदिरा सरकार के लम्बे शासन काल के प्रति जनता थोड़ी उकता गई थी। इस स्थिति का विपक्षी दल पूरा फायदा उठाना चाहते थे। इंदिरा को सत्ता से विच्युत करने का यही स्वर्णिम अवसर था। इस बार चूक गए तो फिर खुद के सत्ता में आने का 'अवसर' जाता रहेगा।

वामपंथी दलों को छोड़कर शेष लगभग सभी राष्ट्रीय दलों में तालमेल स्थापित होने की प्रक्रिया शुरू हो गई थी। आपसी मतभेदों के बावजूद वामपंथी दलों सहित सभी स्थानीय व राष्ट्रीय दल इस मुद्दे पर सहमत थे कि इंदिरा को सत्ता से हटाना है। सो पूरे जोर-शोर से इंदिरा सरकार की असफलताओं व उसकी अकुशल नीतियों की खुलेआम धज्जियाँ उड़ाई जाने लगीं। आम जनता की थोड़ी सहानभूति उन्हें मिलने भी लगी थी।

जयप्रकाश नारायण एक तूफान की तरह सारे देश में छा गए थे। उनके आंदोलन की शुरुआत पहले पटना से हुई थी, जो जल्दी ही देश के कोने-कोने में फैल गया था। दक्षिण में इसका प्रभाव कम पड़ा था, पर वहाँ भी पहले से ही स्थानीय विपक्षी दलों का दबदबा था।

जयप्रकाश नारायण जहाँ भी पहुँचते, लोग भारी संख्या में उन्हें सुनने को पहुँचते। वे पुराने और कर्मठ नेता थे। उनकी वाणी में ओज था और वे भाषण देने की तकनीकी में पूर्णत: पारंगत थे। उन्होंने जनता में इंदिरा सरकार के खिलाफ आक्रोश तो जाग्रत किया ही, विपक्षी दलों से यह आग्रह किया कि वे अपने मतभेद भुलाकर एक झण्डे के नीचे एक दल बनाएँ, जिससे सत्तारूढ़ कांग्रेस पार्टी का पूरी शक्ति से मुकाबला किया जा सके।

अब लोगों को शक होने लगा था कि इंदिरा गांधी एक अधिनायकवाद की प्रवर्तिका हैं। कांग्रेस पार्टी के बड़े-बड़े नेता व मंत्री इंदिरा गांधी के सामने बौने नज़र आने लगे थे। फिर प्रधानमंत्री के पुत्र संजय गांधी को जिस तरह सप्रयास ऊपर उठाया जा रहा था, यह जनता की आँखों में खटक रहा था। संजय गांधी जहाँ भी जाते, उनका राजकीय सम्मान किया जाता। जनता को यह भी अच्छा नहीं लगता था कि बड़े-बड़े नेता व मंत्री संजय गांधी के आगे-पीछे घूमते नज़र आएँ।

ऐसा नहीं था कि लोग इंदिरा गांधी से बिल्कुल विमुख हो गए हों; आम जनता अब भी इंदिरा गांधी को चाहती थी, मगर थोड़ी शंकालु जरूर हो गई थी।

इंदिरा गांधी इस बदले हुए वातावरण से अनभिज्ञ नहीं थीं।

तभी जय प्रकाश नारायण के नेतृत्व में दिल्ली के रामलीला मैदान में एक ऐतिहासिक रैली हुई; जिसमें विपक्षी दलों के प्रमुख नेताओं के भाग लेने के अलावा कांग्रेस के कुछ बड़े नेताओं का भी परोक्ष-अपरोक्ष रूप से समर्थन प्राप्त था।

मोरारजी देसाई और उनका धड़ा तो पहले ही इनके साथ था। इस रैली में लोगों से सरकार के खिलाफ बगावत करने का आह्वान किया गया। सरकारी, गैर-सरकारी कर्मचारियों से सरकारी आदेश न मानने का सुझाव तो दिया ही गया, साथ ही सेना से भी कहा गया कि वह सरकारी रवैये का डटकर विरोध करे। इसी रैली में यह भी कहा गया कि इंदिरा गांधी सत्ता की भूखी हैं और अधिनायकवाद को बढ़ावा दे रही हैं। रैली में विशाल जनसमुदाय ने भाग लिया था। हालांकि सरकारी प्रयास यह थे कि लोग कम से कम संख्या में सभा में शामिल हो सकें। कहा जाता है कि उस दिन शाम को वक्त से पहले ही टी. वी. पर जो 'बॉबी' फिल्म प्रसारित की गयी थी, वह भी इस ध्येय से। इसके बावजूद भारी संख्या में लोग जय प्रकाश नारायण को सुनने गए। दूसरे दिन समाचार-पत्रों ने इस रैली का समाचार बड़ी-बड़ी सुर्खियों में छाप दिया।

यह इंदिरा गांधी बर्दाश्त न कर सकीं। वे सारी हलचल बन्द करके निश्चिंत होकर कुछ करना और सोचना चाहती थीं। सो उन्होंने आंतरिक आपात स्थिति लागू कर दी और सारे बड़े-बड़े विपक्षी नेताओं को जेल में भर दिया।

सारी हलचलें बिल्कुल खामोश हो गयीं। विरोधी और विद्रोही स्वरों का शोर लुप्त हो गया। आम सभाओं पर पाबंदी लगा दी गयी और समाचार-पत्रों पर सेंसरशिप। विपक्ष के अनेक बड़े नेता जेलों में थे तो कुछ भूमिगत हो गए थे।

विपक्ष से होने वाले हमलों का जोर मंद पड़ गया तो इंदिरा गांधी जन-विश्वास पुनः हासिल करने को जुट गयीं। उन्होंने आर्थिक नीतियों को अधिक सबल बनाया और कुछ ऐसे कार्यक्रम शुरू किए, जिससे समाज के छोटे तबकों को सीधा लाभ पहुँचे। गरीबी की रेखा के नीचे रहने वालों की प्रगति के लिए विशेष कदम उठाए गए।

संजय गांधी का रुतवा आपात स्थिति के दौरान और बढ़ गया था। इंदिरा गांधी के सरकारी कार्यक्रमों के अलावा संजय गांधी के तीन सूत्री कार्यक्रमों का भी बड़ा शोर था। ये कार्यक्रम थे-पेड़ लगाओ, दहेज मत लो और नियोजित परिवार।

आपात स्थिति में परिवार नियोजन का जोश पराकाष्ठा पर था। हर प्रांत इस प्रयास में था कि उनके यहाँ निर्धारित संख्या से भी अधिक नसबंदियाँ हों। कांग्रेस के वर्कर तो इस कदर उत्साहित थे कि शिकारी की तरह लोगों को जाल में फाँस रहे थे। समाज में एक अजीब-सी दहशत फैल गयी थी। नसबन्दियाँ खूब हो रही थीं और यह कहना मुश्किल है कि किसी दबाव के अंतर्गत या अपनी मर्जी से।

किसी भी समाचार की कहीं से पुष्टी नहीं हो पाती थी। रेडियो और टी. वी. तो सरकारी माध्यम थे, सो उसकी विश्वसनीयता संदिग्ध थी और समाचार पत्र भी

लगभग वही समाचार दे रहे थे जो सरकार चाहती थी। इससे अफवाहें निरंतर बढ़ रही थीं।

यह मानने में गुरेज नहीं करना चाहिए कि इस दौरान इंदिराजी ने जन कल्याण के लिए कई कदम उठाए। पर न जाने क्या बात थी कि जन-मानस पर उसका वो प्रभाव नहीं पड़ा, जैसा इंदिरा गांधी चाहती थीं। ऐसा साफ जाहिर हो रहा था कि इमरजेंसी लगाकर सरकार ने उचित नहीं किया। इंदिरा गांधी का हर दाँव गलत पड़ रहा था। 'मीसा' और 'डी. आई. आर.' जैसे कानूनों के दाँव पेंच देखकर लोगों में अनजान-सा डर बैठ गया था।

लोगों को यकीन नहीं था कि आम चुनाव अब कभी दुबारा आयोजित हो सकेंगे। शासन का कार्यकाल पाँच साल से बढ़ाकर छः साल कर दिया गया था।

जब सबने यह मान रखा था कि आम चुनाव टल गए हैं या जल्दी होने की सम्भावना नहीं, तब इंदिरा गांधी ने हैरतअंगेज ऐलान किया कि आम चुनाव होंगे।

इस ऐलान से सबको विस्मय हुआ। देश-विदेश में यह समाचार बड़े कौतूहल से सुना गया। लोकतंत्र को इमरजेंसी से जो आघात पहुँचा था, वो इस घोषणा से जाता रहा। लोकतंत्र की बरकरारी की सम्भावना बढ़ गई। जिन्हें यह शक हो गया था कि इंदिरा गांधी अधिनायकवाद को बढ़ावा दे रही हैं; उन्हें राहत का एहसास हुआ। इससे कम से कम इंदिरा गांधी पर लगा एक आरोप तो बेबुनियाद सिद्ध हुआ कि वे किसी भी तरह सत्ता में बने रहना चाहती हैं।

1977 में आम चुनाव होने निश्चित हुए।

ऐसे मौके पर चुनावों की घोषणा से निश्चित रूप से लोगों को सुखद अनुभूति हुई थी मगर हैरानी भी कम नहीं हुई थी। आखिर क्या सोचकर इंदिरा गांधी ने आम चुनाव कराने का निर्णय लिया? एक साक्षात्कार में इस बारे में इंदिरा गांधी ने स्वयं बताया था-

"इमरजेंसी से पहले देश में जगह-जगह आंदोलनों का आलम था और उस वक्त चुनाव कराने का मतलब था और भी सामाजिक अव्यवस्था। हमारा आर्थिक नीतियों पर भी बहुत काबू नहीं था, इमरजेंसी के बाद हमने आर्थिक स्थिति काफी मजबूत कर ली है और अव्यवस्था पर भी असरदार ढंग से काबू पा लिया है। लोगों में अनुशासन की भावना आ गई है और अपने कर्त्तव्यों के प्रति बोध भी जाग्रत हुआ है। ऐसी स्थिति में कोई कारण नहीं कि हम आम चुनाव न कराएँ।"

इमरजेंसी के दौरान ज़ोर-ज़बरदस्तियों का इंदिरा गांधी पर जो आरोप लगाया गया था, उनका खण्डन करते हुए उन्होंने कहा था-

"यह गलत है कि लोगों पर कोई ज़ोर-ज़बरदस्ती की गई थी। आखिर कैसी

ज़ोर-ज़बरदस्ती? इसे कोई स्पष्ट नहीं कर सका। शाह कमीशन में भी आज तक कोई सिद्ध नहीं कर सका। जहाँ तक परिवार नियोजन के कार्यक्रम के अंतर्गत नसबन्दी के केसों में ज़ोर-ज़बरदस्ती किए जाने का आरोप, वह भी बिल्कुल बेबुनियाद है। मैंने कइयों से मालूम किया है कि क्या उन पर कोई जुल्म हुआ? मगर हमेशा उत्तर नकारात्मक ही मिला। कइयों ने तो यह साफ मान लिया कि उन्हें ऐसी अफवाह फैलाने के पैसे मिले हैं।''

बहरहाल, आम चुनावों की घोषणा के बाद सभी राजनीतिक बंदियों को रिहा कर दिया गया और सारे भारत में चुनावी हलचल शुरू हो गई।

वामपंथी दलों को छोड़कर अन्य अनेक विपक्षी दलों ने जय प्रकाश नारायण के सुझाव के अनुसार एक झण्डे के तले एक राष्ट्रीय दल बनाने का निश्चय कर लिया। इस प्रकार 'जनता-पार्टी' अस्तित्व में आ गई, जिसमें विभिन्न मतों और सिद्धांतों के लोग एक पंक्ति में आ बैठे। यह था एक विस्मयजनक आयोजन, मगर राजनीति में सब चलता है। जय प्रकाश नारायण ने इस पार्टी को अपना आशीर्वाद दिया। वामपंथी दल इस नवीनतम पार्टी से अलग ही रहे, मगर सीटों के बारे में तालमेल जरूर कर लिया।

इंदिरा गांधी को उम्मीद नहीं थी कि उनके विरोध में वातावरण बनाने में विपक्षी दल कामयाब हो सकेंगे। वे जल्दी घबराने वाली महिला थीं भी नहीं। मगर उन्हें धक्का लगा; अपनी ही पार्टी के वरिष्ठ सहयोगियों से। जगजीवन राम जैसे पुराने नेता व सरकार के सबसे वरिष्ठ मंत्री ने इंदिरा गांधी से नाता तोड़ लिया और विपक्षी दलों के खेमे में आ बैठे। जगजीवन राम के इस कदम का विपक्षी दलों ने तहेदिल से स्वागत किया, मगर आम जनता को उनका इस उम्र में इस तरह दल बदलना नहीं भाया। इंदिरा गांधी को निःसंदेह इससे कष्ट हुआ था और वे अन्य वरिष्ठ नेताओं के प्रति भी शंकित हो गई थीं।

चुनावों की घोषणा के बाद सत्तारूढ़ कांग्रेस पार्टी जिन प्रत्याशियों के नाम पर गौर कर रही थी, उनमें से बहुत से ऐसे थे, जो संजय गांधी के निकटस्थ बताए जाते थे। उन्हें चुनाव में खड़ा करने का यही मकसद था कि संजय गांधी के अगले प्रधानमंत्री बनने के मार्ग को साफ किया जाए। संभावना ऐसी थी कि बड़े-बड़े नेताओं का पत्ता काट कर नए लोगों को स्थान दिया जाए। मगर जैसे ही जगजीवनराम सहित कुछ अन्य कांग्रेसी नेता विपक्ष से मिले और विपक्ष की तैयारियों में ज़ोर नज़र आया तो रातों-रात कांग्रेस की रणनीति बदल गई और प्रत्याशियों के नाम बदल गए। टिकट अन्ततः उन्हीं को मिला जो पुराने और धुरंधर नेता थे।

इस सारी उठा-पटक और कोशिशों के बावजूद कांग्रेस का पासा पलट गया।

विपक्षी दलों ने इमरजेंसी के दौरान ऐसी-ऐसी तथाकथित ज्यादतियों का

लोमहर्षक जिक्र किया कि लोगों के कान खड़े हो गए। जहाँ भी जनता पार्टी की सभा होती, लोग भारी संख्या में वहाँ पहुँचते और देर रात तक नेताओं का भाषण सुनते। इससे विपरीत कांग्रेस पार्टियों में वो रौनक नहीं होती, जिसकी अपेक्षा होती थी। इंदिरा गांधी का चमत्कार भी कोई करिश्मा पैदा नहीं कर सका। 1977 के आम चुनाव से संबंधित रामलीला मैदान में कांग्रेस पार्टी की जो अन्तिम आम सभा हुई थी, वह भी बेरौनक साबित हुई। हालांकि उसे कामयाब बनाने के लिए बहुत कोशिशें की गयी थीं और दूर-दूर के इलाकों से बसों व ट्रकों में श्रोताओं को भर कर लाया गया था, मगर सब बेकार! आम सभा में बेहद अव्यवस्था और अफरा-तफरी थी। इंदिरा गांधी के भाषण को कोई भी ध्यान से नहीं सुन सका और भाषण समाप्त होने से पहले ही लोग उठ-उठकर जाने लगे।

दरअसल, जनता भी एक ही पार्टी के लम्बे शासन से ऊब गई थी, वह बदलाव चाहती थी, किसी अन्य पार्टी को भी मौका देना चाहती थी। कोई भी पार्टी–उसका किसी पार्टी विशेष में मोह नहीं था, बस, वह तो कांग्रेस पार्टी के बजाय किसी दूसरी पार्टी के शासन का तौर-तरीका देखना चाहती थी।

चुनाव हुए और जो नतीजा आया उसकी न तो इंदिरा गांधी ने कल्पना की थी, न विपक्षी दलों और न ही आम जनता ने।

कांग्रेस के बड़े-बड़े नेता जनता पार्टी के प्रत्याशियों से हारे ही, इंदिरा गांधी भी अपना चुनाव जीत नहीं पायीं। वे रायबरेली जैसे सुरक्षित क्षेत्र से राजनारायण जैसे नेता से मात खा गयीं। हर जगह जनता पार्टी के प्रत्याशी चुने गए थे या उसके सहयोगी।

इंदिरा गांधी के हारने का लोगों को दुख था। उन्होंने इंदिरा गांधी को सबक सिखाना चाहा था, चुनाव से हराना नहीं। कांग्रेस के अन्य नेताओं के हारने का लोगों को भले ही मलाल न हो, इंदिरा गांधी के साथ सबकी सहानुभूति थी। कांग्रेस पार्टी अथवा इंदिरा गांधी के चुनाव में हार जाने का सिर्फ यही कारण नहीं था कि लोग शासन में तबदीली चाहते थे; यह भी था कि कांग्रेस को वोट देने वाले मतदाताओं में उत्साह ही नहीं था। कई तो घर से ही नहीं निकले थे, जैसे उन्हें अहसास हो गया था कि वोट देने का लाभ ही क्या, कांग्रेस तो सत्ता में आने से रही। चुनावों के अप्रत्याशित नतीजों का विश्लेषण इंदिरा गांधी ने एक बोध-कथा का जिक्र करते हुए यों किया था–

''एक बार गौतम बुद्ध एक गाँव में पहुँचे तो लोगों ने उनका उत्साह के साथ स्वागत किया। गौतम बुद्ध ने उनकी परीक्षा लेने के उद्देश्य से कहा कि गाँव की सीमा पर यह जो सूखा कुण्ड है, उसमें आज रात को सब लोग एक-एक लोटा

दूध डाल दें, इसमें समाज का कल्याण होगा। गाँव वालों ने गौतम बुद्ध की बात मान ली और अपने-अपने घर चले गए। रात हुई तो कोई भी अपने घर से दूध का लोटा लेकर कुण्ड पर नहीं पहुँचा। सबने एक ही बात सोची थी, सारा गाँव तो दूध डालने गया होगा, एक मेरे न डालने से क्या फर्क हो जाएगा। नतीजा यह हुआ कि कुण्ड खाली ही रह गया।''

इंदिरा गांधी ने शिकस्त स्वीकार कर ली। यह जनता का फैसला था, सो इंदिरा गांधी ने तत्काल इस्तीफा दे दिया और नई सरकार के गठन का रास्ता साफ कर दिया।

तत्कालीन कार्यकारी राष्ट्रपति बी. डी. जत्ती ने नई सरकार को गठित करने में महत्वपूर्ण भूमिका निभाई।

जनता पार्टी की संसदीय समिति ने सर्व सम्मति से मोरारजी देसाई को अपना नेता चुना और इसकी सूचना कार्यकारी राष्ट्रपति के पास भेज दी गई।

मोरारजी जी देसाई के लिए अपने मंत्रिमंडल का गठन करना सरल साबित नहीं हुआ था। कुछ ने तो मंत्री बनने से ही इनकार कर दिया था।

काफी खींचतान के बाद मंत्रिमंडल बना और नई सरकार सत्तारूढ़ हुई।

नई सरकार से जनता को उम्मीद थी कि वह कुछ कारगर कदम उठाएगी, सामाजिक आर्थिक आदि कार्यक्रमों में तेजी लाएगी।

लेकिन ऐसा कुछ नहीं हुआ। जनता पार्टी की सरकार ने जो प्रशासनिक कार्य किए, उनमें प्रांतों में कांग्रेस पार्टी की सरकारों को तोड़ना और ऊँचे-ऊँचे पदों पर 'खास' लोगों को बिठाना भर था। इसमें भी जो बड़ा काम किया, या कहा जाए कि जनता सरकार ने काम किया, वो था इंदिरा गांधी का व्यक्तित्व भंजन।

जनता सरकार ने शाह कमीशन के अलावा अन्य कई कमीशन गठित किए, जिनका काम था इंदिरा गांधी की 'गलतियों' को साबित करना और सज़ा की सिफारिश करना। इन कमीशनों में प्रमुख कमीशन था शाह कमीशन; जहाँ इंदिरा गांधी पर बड़े-बड़े आरोपों को सिद्ध करने की जी तोड़ कोशिशें की जा रही थीं।

इंदिराजी सत्ता से उतर कर घबराई नहीं थीं, बल्कि और निखर रही थीं। इससे उन्होंने बहुत कुछ सीखा था, दोस्त और दुश्मन को पहचाना था। उनकी आंतरिक शक्ति अभी खण्डित नहीं हुई थी। लोगों का प्यार उन्हें हासिल था और चुनावों में हारने के बावजूद उनके निवास-स्थान पर लोग हजारों की संख्या में उनके दर्शन करने पहुँचते थे। जनता के इसी स्नेह ने उन्हें टूटने से बचाया था।

और उधर धीरे-धीरे जनता का सपना टूट रहा था। उसने जो इतने उत्साह से

नई सरकार को अपना भाग्य सौंपा था, वो तो कुछ कर नहीं रही थी, सिर्फ इंदिरा गांधी के भूत को ही अपने शरीर से झटकने में व्यस्त थी।

फिर जनता-सरकार की आंतरिक कलह भी किसी से छिपी नहीं थी। कुछ मंत्री तो ऐसे थे कि जो लम्बे अरसे से प्रतिपक्ष की भूमिका निभाने के बाद सरकारी पद पर खुद को 'एडजस्ट' नहीं कर पा रहे थे। सदन में उनका आचरण ऐसा होता था, जैसे वे अब भी विपक्षी नेता हों। पार्टी में प्रधानमंत्री बनने के कई दावेदार थे, कई दल थे और सब अपने-अपने गुट समेटे अपनी-अपनी खिचड़ी पकाने में व्यस्त थे।

जनता सरकार ने इस बीच जो एक और बहुत बड़ा काम किया, वो था लाल किले के पास 'काल पात्र' की खुदाई। उसमें लाखों रुपये खर्च हुए जबकि इस काम का कोई औचित्य नहीं था।

इंदिरा गांधी सदन से बाहर थीं, सो उन्होंने एक मध्यावधि चुनाव में चिकमंगलूर से चुनाव लड़ा। उनके खिलाफ वीरेन्द्र पाटिल खड़े थे, जिनके साथ सारी सरकार, पार्टियाँ व प्रचार के लिए तेजी से लगे हुए थे। मगर जीत इंदिरा गांधी की हुई और भारी बहुमत से हुई।

इंदिराजी सदन पहुँची तो सत्तारूढ़ जनता पार्टी से यह देखा नहीं गया। सरकारों को मनमानी करने के लिए बहानों की कमी नहीं होती, सो इंदिरा गांधी पर आरोप लगाकर उन्हें सदन की सदस्यता से वंचित कर दिया गया।

सच तो यह है कि जनता पार्टी की सरकार जितनी पूर्व प्रधानमंत्री की छवि धूमिल करना चाहती थी, उतनी ही वे जन-जन के हृदय में अधिकार करती जा रही थीं। इसके बजाय हो यह रहा था कि खुद जनता पार्टी की सरकार का लोगों के सिर चढ़ा जादू बड़ी तेजी से उतर रहा था। लोग जनता पार्टी की सरकार के आंतरिक कलह व झगड़े से ही खफा नहीं थे बल्कि इंदिरा गांधी पर किए जा रहे उसके अत्याचार व अपमानजनक व्यवहार से भी बेहद क्षुब्ध थे। जनता पार्टी की सरकार ने एक भी ऐसा कदम नहीं उठाया था, जो आम जनता की भलाई के लिए हो। उसका हर कदम दलगत राजनीतिक दाँव-पेंचों से ओतप्रोत था और सिर्फ इंदिरा गांधी के खिलाफ।

जनता पार्टी की सरकार की सबसे बड़ी भूल यह रही कि उसने पूर्व प्रधानमंत्री को कारागार की चहारदीवारी में बन्द कर दिया। आम जनता ने इस कार्यवाही को बिलकुल पसन्द नहीं किया और इंदिरा गांधी के प्रति लोगों की सहानुभूति में अभूतपूर्व वृद्धि हो गई।

• • • •

जनता पार्टी का शासन काल

9

जनता पार्टी की केन्द्रीय सरकार का शासन काल मुश्किल से दो-ढाई साल तक ही रहा और फिर वह अपनी ही मौत मर गया।

मज़ेदार बात यह है कि जनता पार्टी की सरकार के खिलाफ वातावरण उत्कर्ष पर था, पर न तो उसे जन आक्रोश का कभी मुकाबला करना पड़ा और न ही किसी विरोधी पार्टी का सक्रिय विरोध, कांग्रेस पार्टी का भी नहीं। आपसी फूट, विवाद और कलह सरकार को ले डूबे। मोरारजी देसाई ने इस्तीफा दे दिया तो चरण सिंह ने कांग्रेस पार्टी के सहयोग से नई सरकार का गठन किया। सत्ता पाने और प्रधानमंत्री बनने की महत्वाकांक्षा का यह हाल था कि चरण सिंह को उस कांग्रेस पार्टी का सहयोग लेने में भी ज़रा-सी शर्म नहीं आई, जिसके विरोध में उन्होंने बढ़-चढ़ कर हिस्सा लिया था और उसे केन्द्र की सत्ता से निकाल बाहर किया था। इंदिरा गांधी के खिलाफ जी भरकर ज़हर उगलने के बाद जब चरणसिंह को उनकी पार्टी का सहयोग लेने को मजबूर होना पड़ा तो उन्हीं चरण सिंह ने फरमाया-'इंदिरा तो मेरी बहन है।'

इमरजेंसी के दौरान देश को कितने और कैसे कष्ट भोगने पड़े, इस बहस में पड़ने की आवश्यकता नहीं। यह मसला विवादास्पद भी है और शंकाओं के कुहासे से घिरा हुआ भी। मगर इमरजेंसी के काल में और फिर जनता पार्टी के शासन के दौरान यह जरूर हुआ कि कई लोगों के चेहरों से नकाब हट गया और दूषित राजनीति का घिनौना स्वरूप जग-जाहिर हो गया। राजनीतिज्ञों का स्वार्थ इस कदर खुलकर प्रकट हो गया था कि लोगों को ही खुद शर्म आ गई कि उन्होंने जनता पार्टी को वोट देकर क्या कर डाला। इससे यह फायदा जरूर हुआ कि लोग राजनीतिक दृष्टि से अधिक परिपक्व हो गए थे और सही और गलत का अन्दाजा उन्हें होने लगा था।

परिपक्व और सतर्क इंदिरा गांधी भी हो गई थीं। यह झटका उन्हें लगा तो अच्छा ही हुआ, क्योंकि उन्हीं दिनों उन्हें अपनों व परायों का अहसास हुआ था।

वाई. बी. चौहान और ब्रह्मानंद-रेड्डी आदि जैसे वरिष्ठ सहयोगियों ने भी संकट की इस घड़ी में इंदिरा गांधी का साथ छोड़ दिया था और अपनी खिचड़ी अलग पकाने लगे थे।

जनता पार्टी के केंद्र में सत्तारूढ़ होने का यह परिणाम निकला कि विदेश नीति में बिखराव आ गया और आर्थिक संतुलन बिगड़ गया। सबसे बड़ी बात यह हुई थी कि लोगों का मनोबल गिर गया था।

सन् 1978 की ग्रीष्म ऋतु में इंदिरा गांधी से एक विदेशी लेखक मिला था। उससे इंदिरा गांधी की जो बातचीत हुई थी, उससे इमरजेंसी, सत्ता में जनता शासन तथा इसके बाद की स्थितियों की संभावनाओं पर खूब प्रकाश पड़ा।

पेश है, उस बातचीत के मुख्य अंश–

प्र.– क्या आप सोचती हैं कि जनता सरकार का आपसे मौजूदा व्यवहार इमरजेंसी में उनके ऊपर की गई तथाकथित ज्यादतियों का बदला है? क्या आप मानती हैं कि इमरजेंसी के दिनों में उन पर ज्यादतियाँ हुई थीं?

उ.– राजनीतिक कारणों से कई बार शासन को कड़ा रुख़ अपनाना पड़ता है, उसे अगर ज्यादतियों की संज्ञा दी जाए तो उचित नहीं। अब मैं सत्ता में नहीं। व्यक्तिगत जोश में आकर वे लोग जो कुछ कह रहे हैं, उसका नतीजा उन्हीं के खिलाफ निकलेगा। बेहतर यह है कि प्रजातांत्रिक माध्यम से और राजनीतिक कौशल से मुझसे लड़ा जाए। कौन नहीं जानता कि इमरजेंसी के पूर्व सबकुछ अवनति की ओर अग्रसर हो रहा था। जब मैं सत्ता से हटी, भारत की सैन्य-शक्ति उत्कर्ष पर थी, आर्थिक स्थिति मजबूत थी, जिसे संसार की समस्त आर्थिक संस्थाओं ने स्वीकारा था और कहा था कि भारत की प्रगति बेमिसाल है। लोगों को यकीन हो गया था कि विकासशील राष्ट्र अपनी खाद्य सम्बन्धी व अन्य अनेक समस्याओं का निदान कर सकता है। विदेशी मुद्रा का भी हमारे यहाँ काफी संचय हो गया था। पब्लिक सेक्टर के क्षेत्र में हम आगे बढ़ रहे थे। उत्पादन बढ़ रहा था और भ्रष्टाचार समाप्त हो रहा था। हर स्तर पर सब ठीक-ठाक चल रहा था। अधिकारी अपनी ड्यूटी गम्भीरता से निभा रहे थे। इमरजेंसी के पहले साल के दौरान स्मग्लरों के अलावा सबने एक स्वर में कहा था कि हमने यह कदम पहले ही क्यों नहीं उठाये। मेरा ख्याल है, अगर हमने कुछ नहीं किया होता तो देश में फसादात बढ़ गये होते। मुझे और मेरे परिवार को भी बांग्लादेश के शेख मुजीबुर्-रहमान की भांति मार दिया जाता। ऐसा ही देश के कुछ अन्य भागों में भी हो सकता था। एक ऐसी राजनीतिक और आर्थिक उथल-पुथल की सम्भावना बढ़ गई थी, जिसे रोक पाना मुश्किल हो जाता । मैं सत्ता में बने रहना चाहती थी, क्योंकि मुझे समझ में नहीं आता था कि इन परिस्थितियों को कौन संभाल सकेगा? मैंने महसूस किया था और मेरे कुछ

मुख्य-मन्त्रियों ने भी कहा था कि अगर विपक्ष ने मुझ पर विजय पाना सम्भव मान लिया तो फिर वे किसी कांग्रेसी को सत्ता में नहीं रहने देंगे। मैंने उनसे कुछ दोस्ताना व्यवहार करने की कोशिश की तो इसे मेरी कमजोरी मान लिया गया।

प्र.– क्या यह सच है कि इमरजेंसी लागू करने से पहले आपने कैबिनेट से कोई विचार-विमर्श नहीं किया था?

उ.– हाँ, यह सही है। मैंने कैबिनेट से कोई सलाह नहीं की थी, मगर तत्काल बाद ही कैबिनेट से सहमति प्राप्त कर ली थी, मगर यह कोई पहला ही मौका नहीं था कि कैबिनेट से बिना सलाह लिए कोई फैसला किया गया हो। बजट के वक्त भी कैबिनेट से कोई सलाह नहीं ली जाती। सन् 1966 में मुद्रा का जब अवमूल्यन किया गया था, तब भी कैबिनेट से पूर्व सहमति नहीं ली गई थी। प्रधानमंत्री के लिए यह जरूरी भी नहीं है कि वह सबकुछ कैबिनेट के सामने रखे। इस केस में हमने गोपनीयता बनाए रखना जरूरी समझा था।

प्र.– आपके दुबारा सत्ता में आने की क्या सम्भावना है? अगर आप वापस आईं तो अब आपका काम करने का तरीका क्या होगा?

उ.– मुझे दुबारा सत्ता में आने की ज़रा भी तमन्ना नहीं। मुझे तो देश में जो कुछ हो रहा है, उसकी चिन्ता है। मैं शान्तिमय जीवन जीना चाहता हूँ। कब तक, यह कहना मुश्किल है। शायद मैं बोर हो जाऊँ, मगर मुझ पर जो मुकदमे चल रहे हैं, इस वजह से मुझे दिल्ली में ही रहना पड़ेगा। दरअसल जो संघर्ष है, वह यथास्थिति और परिवर्तनशीलता में है। प्रशासनिक प्रक्रिया बहुत ही संकीर्ण और अनुदार है। मेरे पिता की सबसे बड़ी भूल यही थी कि उन्होंने प्रशासनिक प्रक्रियाओं में बदलाव पैदा नहीं किया। मैं उन्हें कोई दोष नहीं देना चाहती, क्योंकि विभाजन की वजह से राष्ट्र कमज़ोर हो गया था और तब कोई बदलाव करना जोखिम भरा काम था। मगर सारा ढाँचा यथास्थिति बनाए रखने वाला था।

प्र०– आप पर आरोप है कि इमरजेंसी में लोगों पर अत्याचार हुए। यह कहाँ तक सत्य है?

उ०– सब यही कहते हैं कि उन पर अत्याचार हुआ है, मगर इसे साबित कोई नहीं कर सका है। शाह आयोग को इन अत्याचारों की जाँच करने के लिए गठित किया गया है। कुछ लोग मेरे पास भी शिकायत लाए। मैं उनसे पूछती हूँ कि क्या उन पर कोई अत्याचार हुआ है? वे जवाब देते हैं– नहीं। मैं पूछती हूँ कि क्या उनके जान-पहचान वालों पर कोई अत्याचार हुआ है? इसके जवाब में भी वे अनभिज्ञता ही प्रकट करते हैं। न तो शाह आयोग अब तक किसी अत्याचार को स्पष्टत: साबित कर सका है और न ही कोई व्यक्ति विशेष। यह सब राजनीतिक दाँव-पेंच हैं।

प्र.– अगर इमरजेंसी में कोई अत्याचार नहीं हुए और सभी सन्तुष्ट थे, तो फिर चुनाव में कांग्रेस पार्टी को भारी पराजय का मुँह क्यों देखना पड़ा?

उ.– हमने जो कठोर कदम उठाए थे, उनसे प्रशासन बौखला गया था। प्रशासन पहले भी हमसे खुश नहीं था। योजना आयोग ने तीव्र प्रगति के नाम पर कतिपय ऐसी योजनाएँ लागू की थीं, जिनसे किसान नाखुश हुए थे। कर्मचारियों का बोनस नहीं दिया जा रहा था, उसे बैंक में जमा किया जा रहा था, इससे भी लोग नाखुश थे। फिर परिवार नियोजन के कार्यक्रमों ने भी लोगों को विक्षुब्ध कर रखा था। मैं सोचती हूँ, हम जो हारे हैं, उसका कारण यह है कि हम कई वर्षों से सत्ता में थे। इसमें भी प्रमुख कारण यह था कि हमारे खिलाफ घर-घर में प्रोपेगैंडा किया गया था। उनके पास खर्च करने को बेपनाह पैसा था। प्रोपेगैंडा में कहा गया था कि हमने जबरदस्ती लोगों की नसबन्दी की है और नसबन्दी के बाद औरत-मर्द बाँझ और नपुन्सक हो गए हैं। पश्चिम के समाचार-पत्र भी जनता पार्टी का पक्ष ले रहे थे।

प्र.– क्या आप मानती हैं कि पश्चिम के हस्तक्षेप से भी आप चुनाव हारी हैं?

उ.– हाँ, मैं सोचती हूँ कि पश्चिम से जरूर हस्तक्षेप किया गया था, जिससे हमें हारना पड़ा। उन्होंने प्रोपेगैंडा में सहयोग प्रदान किया था।

प्र.– आप अगर दुबारा सत्ता में आईं तो ऐसी ज्यादतियाँ दुबारा न हों इसके लिए क्या करेंगी?

उ.– सच तो यह है कि मैं कभी नहीं चाहती कि लोग परेशान हों या प्रेस पर सेंसरशिप लगे। इसके लिए पुलिस पर विशेष निगरानी रखने की बड़ी आवश्यकता है। मैंने पहले भी ऐसा करने की कोशिश की थी, अब भी पुलिस ट्रेनिंग में आमूल परिवर्तन करने की जरूरत है। दूसरी बार इमरजेंसी लगाने की जरूरत न पड़े, इसके लिए शुरू से ही ऐसे कदम उठाने पड़ेंगे कि इसकी नौबत ही न आए। मेरी गलती यही है कि मैंने शुरू में ही कड़े कदम नहीं उठाए, जिससे स्थिति बिगड़ती चली गई और इमरजेंसी लगानी पड़ी। लेकिन जो हालात हो गए थे, उन्हें बरकरार रखना भी किसी तरह जायज नहीं था। जरूरी था कि 'शॉक ट्रीटमेंट' किया जाए। प्रशासन ठीक से काम नहीं कर रहा था। सरकारी फाइलें विपक्ष के पास पहुँच रही थीं। मंत्रियों को हतोत्साहित किया जा रहा था।

प्र.– अगर आप यह मानती हैं कि आपके पिता ने प्रशासनिक ढाँचे में परिवर्तन न करके भूल की थी, तो आपने ही क्यों नहीं अपने ग्यारह वर्षीय शासन काल के दौरान इसे परिवर्तित किया? कम से कम ऐसा आप इमरजेंसी में तो कर सकती थीं?

उ.– मैंने यह कहा कि मेरे पिता ने ढाँचे में परिवर्तन न करके गलती की थी और साथ में यह भी कहा था कि तब स्वतंत्रता के फौरन बाद परिस्थितियाँ ऐसी नहीं थीं कि परिवर्तन का जोख़िम उठाया जाए। बाद में कमोबेश यह स्थिति जारी रही। मैंने कोशिश की थी, लेकिन यह सरल काम नहीं है। इसमें वक्त लगेगा।

प्र.– सवाल यह है कि अगर प्रशासन कुछ खास क्षेत्रों में सही काम नहीं कर रहा है तो यह किसकी गलती है?

उ.– विभिन्न परिस्थितियों में यह विभिन्न लोगों की गलती मानी जा सकती है। पर मूलत: यह सारी गलती 'सिस्टम' की है।

प्र.– तो ऐसे सिस्टम को बदलना नहीं चाहिए?

उ.– हाँ, इसे बदलना चाहिए। मगर जितना कहना आसान है, उतना करना मुश्किल–विशेषकर इतने विशाल राष्ट्र में। हमारा विश्वास है कि शैक्षणिक ढाँचे को बदला जाए। सभी ऐसा कहते हैं। इसके बावजूद यह अब तक सम्भव नहीं हो सका है। धीमी गति और छोटे कदमों में ही थोड़ा–बहुत किया जा सकता है। एकाएक बड़े पैमाने पर बदलाव किया गया तो लाखों लोगों की ज़िन्दगियाँ अस्त-व्यस्त हो जाएँगी।

प्र.– आपको ऐसा नहीं लगा कि इमरजेंसी लगाकर आपने अति कर दी?

उ.– नहीं! क्या अति कर दी? आपको चुनाव करना ही पड़ेगा, कि लोगों की ज़िन्दगियाँ महत्वपूर्ण हैं या लोगों का भारी बहुसंख्यक वर्ग अधिक महत्वपूर्ण या थोड़े-से सौभाग्यशाली लोग?

प्र.– तो आपका ख्याल है कि इमरजेंसी ने बहुसंख्यक लोगों का फायदा किया?

उ.– अवश्य किया था और यही अब लोग स्वीकारने लगे हैं और मानने लगे हैं। हमने कीमतें कम कर दी थीं, बेरोजगारी की रफ्तार को बढ़ने से रोक दिया था, विदेशी मुद्रा का संचयन बढ़ गया था और 'वर्ल्ड बैंक' व 'मोनेटरी फंड' के कथनानुसार; हमने भारत को लम्बे इतिहास के किसी युग से अधिक मजबूत और स्थिर बना दिया था। अगर हम ऐसी मजबूत स्थिति न छोड़कर गए होते तो यह सरकार एक माह–से अधिक न चल पाई होती। अब सब–कुछ मगर उनके हाथ से निकलता जा रहा है। हम पर दोष लगाया गया कि हमने इमरजेंसी में अत्याचार और ज्यादतियाँ कीं। मगर कोई तो बताए कि वे क्या थीं? दरअसल, ऐसा हर समय होता है, इस वक्त भी हो रहा है। हाँ, परिवार नियोजन को छोड़कर, क्योंकि इस कार्यक्रम को जनता सरकार ने रद्द कर दिया है। जिन बातों को ज्यादतियाँ कहा

जाता था, वे अब अधिक मात्रा में हो रही हैं। मैं जान-बूझकर 'ज्यादतियाँ' शब्द का इस्तेमाल कर रही हूँ, क्योंकि हमारी कार्यवाहियों को भी इन्होंने यही संज्ञा दी है। मुझे नहीं मालूम कि इसका क्या मतलब है। हमारी कार्यवाहियों से अगर किसी को कष्ट हुआ तो हमने हमेशा इसकी माफी माँगी है। लेकिन क्या यह सब आज भी नहीं हो रहा है? सच तो यह है कि यह पहले भी हो रहा था, इमरजेंसी में भी हो रहा था और आज भी हो रहा है।

प्र.– यानी इमरजेंसी का काम भी सामान्य काल था, उसमें असमान्य कुछ नहीं हुआ था?

उ.– सिर्फ राजनीतिक नेताओं की गिरफ्तारी व प्रेस-सेंसरशिप के अलावा और कुछ नहीं।

प्र.– इन आरोप के बारे में आप क्या कहेंगी कि सरकार संजय गांधी के इशारे पर चल रही थी? कुछ लोगों का कहना है कि संजय गांधी मंत्रियों को आदेश देते थे। गुजराल की भी यही शिकायत है।

उ.– गुजराल जी संजय के पास एक मित्र की हैसियत से बातचीत करने आते थे। ऐसे मौके पर संजय अपने विचार सामने रखता था। यह गुजराल जी पर निर्भर करता था कि संजय के सुझावों को स्वीकार करें अथवा ठुकरा दें। गुजराल जी उससे आदेश लेते ही क्यों थे?

प्र.– यह आरोप लगाने के बाद ही श्री गुजराल को मंत्रिमंडल से निकाल दिया गया। इससे लोगों को शंका होनी स्वाभाविक थी कि उनके निकाले जाने का कारण संजय की आलोचना है।

उ.– नहीं, यह गलत है। इन दोनों में कोई तालमेल नहीं। गुजराल जी एम. पी. नहीं रहे थे– सो वे मंत्री भी नहीं बने रह सकते थे। तब हम रशिया के लिए राजदूत की सख्त तलाश में थे। मैंने सरदार स्वर्णसिंह को वहाँ भेजना चाहा था, मगर उन्हें इसमें रुचि नहीं थी। इस पर हमने रशिया से भी विचार-विमर्श किया, क्योंकि हम कोई ऐसा राजदूत भेजना चाहते थे, जो उन्हें भी स्वीकार्य हो। फिर वे भी अपना जो राजदूत भारत भेजते थे, वह पोलित ब्यूरों का कोई ऊँचे स्तर का व्यक्ति होता था। सो हमने भी गुजराल को वहाँ भेजा।

प्र.– खैर, जब सब यह सोच रहे थे कि आम चुनावों का दौर समाप्त हो गया, ऐसे मौके पर आपने आम चुनावों की घोषणा करके सबको आश्चर्य-चकित कर दिया। क्या आप सोचती हैं कि आम चुनाव इस मौके पर न कराना ही बुद्धिमता थी?

उ.– अब तो सभी ऐसा कहते हैं। तब भी लोगों ने कहा था; पर मेरी यह पक्की धारणा थी कि चुनाव न कराने का कोई कारण नहीं। मेरे दिमाग में चुनाव

में हारने-जीतने का कोई द्वन्द्व नहीं था। बस, जो एक ही ख्याल था, वो यह था कि हमने किसी खास कारण से चुनाव एक साल से स्थगित कर रखा है, अब वह कारण नहीं रहा। फिर हम भला आगे तक चुनाव कैसे स्थगित रख सकते थे?

प्र.– क्या जगजीवनराम को पार्टी का टिकट न देने का फैसला गलत नहीं था? जाहिर है कि उनके जाने से पार्टी को नुकसान हुआ। क्या टिकट न देने की वजह से ही उन्होंने पार्टी छोड़ी?

उ.– बिलकुल नहीं, टिकट न देने का तो कोई सवाल ही नहीं उठा था। उन्होंने पार्टी तो यह सोचकर छोड़ी कि प्रधानमंत्री बनने का मौका मिल सकता था। वे मेरी सरकार में मंत्री थे, चुनाव कमेटी के सदस्य थे, टिकट के बारे में कोई मतभेद नहीं था।

प्र.– इमरजेंसी के दौरान उनके साथ आपके कैसे ताल्लुक रहे? क्या सब-कुछ ठीक-ठाक था?

उ.– एकदम! उन्होंने कभी भी इमरजेंसी के खिलाफ एक शब्द भी नहीं बोला था। वे उन लोगों में से एक थे, जिन्होंने संसद में रेगुलेशन का प्रस्ताव रखा था। यह तो चुनावों की घोषणा के बाद उन्होंने इस्तीफा दिया था और कहा था कि इमरजेंसी लगा कर हमने ठीक नहीं किया।

प्र.– संजय के बारे में आप क्या कहती हैं? क्या भविष्य में उनके लिए किसी राजनीतिक रोल की संभावना है?

उ.– मूलतः उसे राजनीति के प्रति ज़रा भी दिलचस्पी नहीं। सच तो यह है कि वह राजनीति में आने की कभी सोचता भी नहीं, लेकिन उस पर ज़ोरदार हमला और उसकी भारी आलोचना हुई तो अपने बचाव के लिए मजबूरन राजनीति में आना पड़ा। यह संसद में चुनकर इसलिए आना चाहता था, क्योंकि वहीं से वह कारगर ढंग से अपने ऊपर लगाए गये झूठे आरोपों का जवाब दे सकता था।

प्र.– उनको मारुति कार के निर्माण में क्या दिक्कत है?

उ.– दिक्कत यह है कि सरकार उसके बिलकुल खिलाफ थी। अगर मैं उसकी मदद करना चाहती तो उसे कई सुविधाएँ जुटा सकती थी। लेकिन मैंने बीच में पड़ना उचित नहीं समझा क्योंकि मेरा विचार था, जैसा भी विरोध हो, उसे ही उसका सामना करना चाहिए।

इस बातचीत से साफ जाहिर है कि इंदिरा गांधी की सोच बिलकुल साफ है और उसमें किसी किसी प्रकार का दुराव-छिपाव या अस्पष्टता नहीं। राजनीतिज्ञों में जो धूर्तता होती है, उससे वे एकदम परे थीं।

जैसा कि पहले ही कहा गया, जनता पार्टी की सरकार अपनी मौत आप मर गयी और चरण सिंह की सरकार कुछ ही दिन तक अस्तित्व में रही। एक दिन भी संसद का मुँह देखे बिना चरण सिंह को अपनी सरकार का इस्तीफा राष्ट्रपति को भेजना पड़ा। उन्होंने संसद भंग करके नये चुनाव कराने का सुझाव दिया था।

उस समय प्रधानमंत्री बनने के कई दावेदार थे और हर रोज राष्ट्रपति भवन में लोग अपने समर्थकों की सूची लेकर पहुँचते थे। चरणसिंह के इस्तीफा देने पर एक बार फिर प्रधानमंत्री के प्रत्याशी भाग-दौड़ और जोड़-तोड़ की कोशिश में लग गये। सन् 1979 के उत्तरार्द्ध में एक भी महीना ऐसा नहीं बीता जब राष्ट्रपति भवन में राजनीतिक सरगर्मियों का आलम उत्कर्ष पर न हो।

राजनीतिज्ञों व वरिष्ठ नेताओं की यह कोशिश बड़ी हास्यास्पद रही। सत्ता के प्रति उनकी ऐसी उत्कट ललक देखकर लोगों को घृणा जरूर आती थी, लेकिन उन्हें अपने आचरण पर जरा भी शर्म नहीं थी।

तब राष्ट्रपति के पद पर श्री नीलम संजीव रेड्डी आसीन थे। ये वही संजीव रेड्डी थे, जिन्हें जनता पार्टी ने राष्ट्रपति के पद पर बिठाया था। एक ज़माना था, जब इन्हीं के राष्ट्रपति बनाए जाने की कोशिश में कांग्रेस पार्टी में व्यापक विभाजन हो चुका था।

यह तब की बात है, जब सत्ता में कांग्रेस पार्टी थी और इंदिरा गांधी के प्रधानमंत्रित्व को तीन साल व्यतीत हो चले थे। इंदिरा गांधी का—पार्टी, सरकार व जनता पर प्रभाव पड़ने लगा था। उन दिनों पार्टी में जो वरिष्ठ नेता थे, उनका गुट मोरारजी देसाई के नेतृत्व में सिंडिकेट कहलाता था। यह इंदिरा गांधी का ही साहस था कि उन्होंने सन् 1969 में मोरारजी देसाई को वित्त मंत्री के पद से बर्खास्त कर दिया था और उसके ठीक तीन दिन पहले वे बैंकों के राष्ट्रीयकरण सम्बन्धी अपनी नीति का ऐलान कर चुकी थीं। सिंडिकेट में मोरारजी देसाई के अलावा एस. के. पाटिल व एस. निजलिंगप्पा आदि भी शामिल थे।

12 जुलाई 1969 को इसी सिंडीकेट ने आसन्न राष्ट्रपति पद के चुनाव के लिए सत्तारूढ़ काँग्रेसी पार्टी की ओर से नीलम संजीव रेड्डी के नाम का प्रस्ताव किया, जिसे पार्टी हाई कमान ने स्वीकृति दे दी।

इंदिरा गांधी तब वरिष्ठ नेताओं की अड़चनबाजी की वजह से खुद को आज़ाद महसूस नहीं कर पाती थीं। विशेषकर उन्हें कांग्रेस पार्टी में 'सिंडीकेट' नामक गुट के बन जाने से बड़ी कोफ्त थी, क्योंकि वह खुलेआम प्रधानमंत्री की आलोचना करता था। इंदिरा गांधी सिंडिकेट से छुटकारा पाना चाहती थीं और हो सके तो कांग्रेस पार्टी से उसका नामोनिशान ही मिटा देना चाहती थीं। पर कैसे? इस बीच सिंडीकेट ने जब नीलम संजीव रेड्डी को राष्ट्रपति पद के लिए खड़ा करने का

निश्चय किया तो इंदिरा गांधी बिदकीं। उन्हें लगा कि राष्ट्रपति भी अगर सिंडीकेट की मर्जी का चुन लिया गया तो राष्ट्रपति भवन सिंडिकेट के हाथों आ लगेगा और प्रधानमंत्री की शक्ति क्षीण होगी। सो उन्होंने कांग्रेस के प्रत्याशी का खुलेआम विरोध तो नहीं किया, पर अपने समर्थकों के बीच यह जरूर प्रचारित कर दिया कि वोट अपने विवेक के अनुसार दें। तब तक इंदिरा गांधी लोकप्रिय होने लगी थीं और लोग उन्हें मजबूत देखना चाहते थे। उनके समर्थक संसद सदस्य जानते थे कि पार्टी के राष्ट्रपति पद के लिए अधिकृत प्रत्याशी के नाम की घोषणा से इंदिरा गांधी खुश नहीं और नहीं चाहतीं कि वोट उसको दिए जाएँ। विपक्ष ने राष्ट्रपति पद के लिए वी. वी. गिरि को खड़ा कर दिया था। इंदिरा गांधी ने चुपके से यह मंशा अपने साथियों पर जाहिर कर दी थी कि वोट उन्हें ही दिया जाए।

इंदिरा गांधी का यह कदम बेहद जोखि़म भरा था और अप्रत्याशित भी। अपनी पार्टी के अधिकृत प्रत्याशी की खिलाफत–वो भी प्रधानमंत्री होकर। लेकिन इंदिरा गांधी तो नाम ही उस शख्सियत का था, जिसने हमेशा जोखि़म उठाया और हमेशा अप्रत्याशित और असाधारण कदम उठाए—पर सिर्फ जनहित और राष्ट्रहित में। सो जब राष्ट्रपति के चुनाव हुए तो इंदिरा गांधी के समर्थकों ने, जो सिंडिकेट के समर्थकों से बहुत ज्यादा थे, वी. वी. गिरि को ही वोट दिए। इस तरह ऐसा पहली बार हुआ कि सत्तारूढ़ दल का प्रत्याशी राष्ट्रपति पद का चुनाव हार गया और यह तो पहली बार ही हुआ था कि सत्तारूढ़ दल के संसद सदस्यों ने विपक्ष के प्रत्याशी को वोट देकर उसे विजयी बनाया हो। हालांकि वी. वी. गिरि ने खुद को आज़ाद उम्मीदवार घोषित किया था।

वी. वी. गिरि राष्ट्रपति के रूप में 20 अगस्त, 1969 को चुन लिए गए। कांग्रेस के कुछ वरिष्ठ नेताओं और 'सिंडिकेट' को यह बात पसन्द नहीं आयी। लगभग तीन महीनों के बाद नई दिल्ली में कांग्रेस कार्यकारिणी कमेटी की मीटिंग हुई, जिसमें 'सिंडिकेट' ने इंदिरा गांधी को कांग्रेस पार्टी से निष्कासित कर दिया, जबकि इंदिरा गांधी के समर्थक-गुट ने इंदिरा गांधी को ही अपना नेता माना और उन पर अपना पूर्ण विश्वास जाहिर किया। 16 नवम्बर को 'सिंडिकेट' के सदस्यों ने 'कांग्रेस संगठन' नामक नई पार्टी का गठन किया। इस प्रकार कांग्रेस पार्टी के दो हिस्से हो गए।

मोरारजी देसाई भूले नहीं थे कि नीलम संजीव रेड्डी को इंदिरा गांधी ने राष्ट्रपति नहीं बनने दिया था। सो जब वे जनता पार्टी के सत्तारूढ़ होने पर प्रधानमंत्री बने तो नीलम संजीव रेड्डी को राष्ट्रपति बनाने की उनका पुरानी ज़िद ताज़ा हो गई। अब भला कैसी रुकावट? संसद में उनका भारी मत था। सो जब राष्ट्रपति के चुनाव हुए तो नीलम संजीव रेड्डी चुन लिये गए।

जिस पार्टी ने उन्हें राष्ट्रपति चुना था, उसी पार्टी ने उनकी सबसे ज्यादा आलोचना भी की– बल्कि छीछालेदर। इस सबमें मुखर थे चन्द्रशेखर, जो एक राष्ट्रीय पार्टी के अध्यक्ष थे। ऐसी पार्टी के अध्यक्ष, जो कुछ दिन पहले ही सत्ता में थी।

नीलम संजीव रेड्डी ने चरण सिंह का इस्तीफा मंजूर कर लिया था और उनका यह सुझाव भी मान लिया था कि संसद भंग करके नए चुनाव कराए जाएँ।

राष्ट्रपति ने ऐसा किया तो जगजीवनराम सहित प्रधानमंत्री बनने के अनेक दावेदारों के मंसूबों पर पानी फिर गया और चन्द्रशेखर सहित अनेक नेताओं ने राष्ट्रपति को अपनी तीखी आलोचनाओं का शिकार बनाया। उनकी शिकायत यह थी कि उन्हें भी सरकार बनाने का मौका क्यों नहीं दिया गया और संसद भंग करके मध्यावधि चुनावों की घोषणा क्यों की।

बहरहाल, नए चुनावों की घोषणा की गई।

राजनीतिक वातावरण बिल्कुल बदल चुका था।

जनता पार्टी का कोई नामलेवा न था और सारे दल बिखर गये थे। साफ जाहिर था कि जनमत इंदिरा गांधी के साथ था।

जनता का मोह–भंग हुआ था; जनता पार्टी के विश्वासघात से वह तिलमिला उठी थी। फिर उसे इंदिरा गांधी पर किए अत्याचारों से, विशेषकर जेल की सज़ा से, बड़ा दुख हुआ था और उसकी सहानुभूति इंदिरा गांधी के साथ थी।

जो चुनाव सम्बन्धी आम सभाएँ होती थीं, उनमें भीड़ का रुख़ देखकर साफ जाहिर था कि ऊँट किस करवट बैठेगा। जनता पार्टी और उसकी सहयोगी पार्टियों ने बड़ी कोशिश की कि पहले वाला जन–समर्थन जुटा सकें, पर इसमें वे बिल्कुल नाकामयाब रहे।

1980 में मध्यावधि चुनाव हुए और इंदिरा गांधी की पार्टी भारी बहुमत से केन्द्र में आ गई।

इंदिरा गांधी दो चुनाव क्षेत्रों से खड़ी हुई थीं। एक तो पुराने रायबरेली से और दूसरे मेढ़क से। दोनों क्षेत्रों से वे शानदार ढंग से जीतीं। बाद में उन्हें एक क्षेत्र खाली करना पड़ा तो उन्होंने रायबरेली को छोड़ दिया।

नई सरकार के गठन के लिए कांग्रेस (इ) पार्लियामेंटरी बोर्ड ने इंदिरा गांधी को अपना नेता चुन लिया और राष्ट्रपति से इंदिरा गांधी को बुलाकर प्रधानमंत्री की शपथ दिलाने का अनुरोध किया गया।

राष्ट्रपति नीलम संजीव रेड्डी ने नियमानुसार यह सुझाव मान लिया।

• • • •

इंदिरा जी का अंतिम कार्यकाल

10

14 जनवरी 1980 को इंदिरा गांधी पुनः प्रधानमंत्री बनीं।

सच तो यह है कि यह कार्यकाल उनका स्वर्णिम काल था। इस दौरान उन्होंने कई बड़े-बड़े कदम उठाए—आर्थिक भी, वैज्ञानिक भी, तकनीकी भी, प्रशासनिक भी— और सबमें सफल रही थीं। इस कार्यकाल में वे परिपक्व व दूरदर्शी साबित हुईं। जनता पार्टी के शासन के दौरान उन्हें जिस प्रकार तंग किया गया था, उसे भूल पाना मुश्किल था। फिर भी सत्ता-शक्ति हाथ में आ जाने के बावजूद इंदिरा गांधी ने बदले की भावना से कोई काम नहीं किया। यहाँ तक कि चरण सिंह को प्रधानमंत्री होने के नाते जो भवन मिला था, नियमानुसार उसे खाली करने के लिए पूर्व प्रधानमंत्री पर ज़ोर नहीं डाला गया।

जनता पार्टी के छोटे से शासनकाल में देश की स्थिति में काफी बिगाड़ आया था। 26 फरवरी 1981 को इंदिरा गांधी ने लोकसभा में साफ-साफ शब्दों में जनता पार्टी के शासनकाल में देश में हुई अवनति का कच्चा चिट्ठा पेश कर दिया। उन्होंने बताया—"1977 में जब हम सरकार से हटे थे, तब देश की स्थिति बहुत ही सुदृढ़ थी। हमने देश को अच्छी हालत में जनता पार्टी की सरकार को सौंपा था, मगर उनसे हमें जर्जरित अवस्था में प्राप्त हो रहा है। कानून और व्यवस्था संतोषजनक हालत में थी। साम्प्रदायिक विवादों को काफी हद तक नियंत्रित कर लिया गया था। फसल अच्छी होती थी और गोदाम अन्न से भरे रहते थे। विदेशी मुद्रा का भंडार भी काफी ज्यादा था, लेकिन अफसोस कि हमें यह सब उस हालात में नहीं मिला।

आशा तो सबको यह दिलाई गयी थी कि भारत और तरक्की करेगा, मगर हमने जो तरक्की की थी, उसे भी जनता पार्टी की सरकार अपनी छोटी-सी अवधि में बरकरार नहीं रख सकी। सच तो यह है कि सन् 1977 से सन् 1979 की अवधि में कुछ हुआ ही नहीं, इसमें भटकाव और अनिश्चय का वातावरण बना रहा। अगर यह हालत बनी रहती हो बताना मुश्किल है कि देश की हालत क्या होती...?"

इंदिरा गांधी का यह अन्तिम कार्यकाल साबित हुआ। नए कार्यकाल के लिए आम चुनावों की घोषणा कर दी गयी थी, जो 1985 के शुरू या 1984 के अन्त में होने वाले थे। लगभग अपना पूरा कार्यकाल निभाकर प्रधानमंत्री इंदिरा गांधी अकस्मात् मार दी गयीं, वरना इसमें दो राय नहीं हो सकतीं कि अगला आम चुनाव भी वही जीततीं।

यह अन्तिम कार्यकाल कई मायनों में बड़ा महत्वपूर्ण था और घटनाओं से लबरेज भी।

उन्होंने हर मौके पर दृढ़ता का परिचय दिया था और साहस का भी।

राष्ट्रहित में उन्होंने कोई भी कठोर कदम उठाने में दुविधा महसूस नहीं की। वे समस्याओं को टालती नहीं थीं। उनकी कोशिश यही रहती थी कि उनका समाधान किया जाए। क्षेत्रीय संतुष्टि को उन्होंने कभी प्राथमिकता नहीं दी। राष्ट्रीय स्तर पर उन्होंने हमेशा अपना ध्यान केन्द्रित रखा। वे भारत की बात सोचती थीं।

इसी कार्यकाल में अन्य समस्याओं के अलावा जो प्रमुख समस्या उभरी–वो थी आतंकवाद की। विशेषकर पंजाब में थोड़े-से भटके हुए लोगों की अलगाववादी प्रवृत्तियों के कारण इंदिरा गांधी की चिंता बढ़ी थी। इसके अतिरिक्त स्थानीय राजनीतिक पार्टी अकाली दल की क्षेत्रीय माँगों का यह हाल था कि राष्ट्रीय स्तर पर उन्हें स्वीकार कर पाना बहुत सहज नहीं था, जबकि उनकी धार्मिक माँगें स्वीकार कर ली गयी थीं।

यह आतंकवाद ही था, जिसके कारण उन्हें अपनी आहुति देनी पड़ी। यह आतंकवाद कैसा था? कैसे हुआ इसका प्रादुर्भाव? अकाली दल क्या चाहता है? अन्ततः स्वर्ण मन्दिर (अमृतसर) में सरकार को फौजी कार्यवाही करने का कष्टकारक निर्णय क्यों लेना पड़ा?

इन सबके विस्तार में जाने से पहले इंदिरा गांधी की एक विदेशी पत्रकार से बातचीत–यह बातचीत राजनीतिक नहीं थी और इसमें कई व्यक्तिगत प्रश्न पूछे गए थे।

इस बातचीत से इंदिरा गांधी का एक और ही व्यक्तित्व सामने उभरता है।

उनके प्रकृति-प्रेम का यह आलम था कि जब भी उन्हें मौका मिलता था, वे प्रकृति की गोद में जा बैठती थीं। उन्हें फूल बहुत प्रिय थे, विशेषकर पहाड़ों में खिलने वाले वसंत ऋतु के फूल। उनकी एक तमन्ना यह थी कि वे पहाड़ों पर जाकर बस जाएँ, जहाँ छायादार वृक्षों का झुण्ड हो। मगर ऐसा कभी हो नहीं सका और वे एक आवश्यक कर्त्तव्य के अंतर्गत लोगों के बीच रहीं, उनकी समस्याओं, तमन्नाओं और कल्पनाओं की साझीदार बनकर।

वे जिन ऐतिहासिक व्यक्तित्वों को पसन्द करती थीं, उनमें प्रमुख थे, आदि शंकराचार्य और लियोनार्ड दी विंची।

ये कुछ ऐसे तथ्य हैं, जो फ्रेंच लेखक मारसेल प्राउस्ट ने उद्घाटित किए। उन्होंने इंदिरा गांधी से कुछ नितान्त व्यक्तिगत प्रश्न पूछे थे, जो इंदिरा गांधी के उत्तरों सहित पश्चिम जर्मनी के एक समाचार पत्र में 14 नवम्बर, 1983 को प्रकाशित हुए थे।

पेश हैं वे सवाल-जवाब-

प्र. – आप सबसे बड़ा दुख किसे मानती हैं?

उ. – अपने प्रियजन की मृत्यु।

प्र. – आप कहाँ रहना पसन्द करती हैं?

उ. – पहाड़ों पर, जहाँ घने वृक्ष हों और बहते हुए नदी-झरने। मगर भारत में ही।

प्र. – आप अपने लिए किसे सबसे बड़ी सांसारिक खुशी मानती हैं?

उ. – किसी को नहीं। ऐसी कोई चीज है भी नहीं। मगर मैंने आंतरिक खुशी के अनेक लम्हें महसूस किए हैं।

प्र. – कौन-सी भूलों को आप तत्काल माफ कर देती हैं?

उ. – जिन्हें संकोच के साथ करना पड़ा हो।

प्र. – आपका प्रिय नायक?

उ. – किसी एक को चुन पाना मुश्किल है।

प्र. – इतिहास में आपका सबसे प्रिय व्यक्तित्व?

उ. – भारतीय दार्शनिक संत आदि शंकराचार्य (788-820) और लियोनार्ड दी विंची।

प्र. – वास्तविक जीवन में आपकी पसंदीदा नायिका?

उ. – सच तो यह है कि मैं नायक-नायिकाओं की कल्पना नहीं करती। हाँ, मैं उनकी प्रशंसक जरूर हूँ, जो विकट परिस्थितियों पर भी विजय प्राप्त कर लेते हैं और अपनी ज़िन्दगी दूसरों की सेवा में व्यतीत कर देते हैं। जैसे हेलन केलर और डगलस बादेर (पांव-विहीन हवाई जहाज़ चालिका)।

प्र. – काव्य में आपकी प्रिय नायिका?

उ. – मुझे नहीं लगता कि कोई है।

प्र. – आपका प्रिय पेंटर?

उ. – कई हैं, जिनकी चित्रकारी की मैं प्रशंसिका हूँ।

प्र. – आपके प्रिय संगीतकार?

उ. – बाक और मोलार्ट।

प्र. – वे कौन-से गुण हैं, जो आप एक पुरुष में देखना पसन्द करती हैं?

उ. – ज़िम्मेदारी, साफगोई और दूसरों को समझने की इच्छा व मदद की भावना।

प्र. – और औरत के कौन-से गुण आपको आकर्षित करते हैं?

उ. – उनमें भी यही गुण– यानी दूसरों की मदद करने की भावना व ज़िम्मेदारी का अहसास हो।

प्र. – आप सबसे बड़ा गुण किसे मानती हैं?

उ. – औरत या मर्द दोनों में साहस का गुण। ऐसा साहस, जो नैतिक, बौद्धिक और शारीरिक हो।

प्र. – आप फुर्सत के क्षण किस मनचाहे अंदाज से बिताना चाहेंगी?

उ. – अध्ययन और पहाड़ों-जंगलों में घूमकर।

प्र. – आप कैसी या किसकी तरह बनना पसंद करती हैं?

उ. – अपनी तरह।

प्र. – आपके व्यक्तित्व की खूबी?

उ. – जन-समस्याओं में साझेदारी।

प्र. – अपने मित्रों में आपको कौन-सी बात पसन्द आती है?

उ. – मिल-जुलकर हँसी-मज़ाक।

प्र. – आप अपनी सबसे बड़ी भूल क्या मानती हैं?

उ. – यह मैं अन्य लोगों पर छोड़ देती हूँ।

प्र. – आप कैसी खुशी का सपना देखती हैं।

उ. – खुशी तो जिन्दगी में महसूस की जा सकती है, सपनों में नहीं।

प्र. – आपकी सबसे बड़ी त्रासदी?

उ. – जब भारत की आज़ादी अथवा अखण्डता को ज़रा भी आघात लगे।

प्र. – आप किस रंग को सर्वाधिक पसंद करती हैं?

उ. – यह तो मानसिक स्थिति, ऋतु व मौके पर निर्भर करता है। सभी रंगों की अपनी विशेषता है। मगर जब वे एक-दूसरे से मिला दिए जाएँ तो मैं उनका वर्ण देखकर ही उन्हें पसंद या नापसंद करती हूँ। कई बार ऐसा होता है कि जो रंग हमें पसंद नहीं, वो दूसरे रंग के साथ मिलाकर अच्छा लगता है।

वैसे मुझे पतझड़ के रंग पसंद हैं। गिरते पत्तों का जो सुनहरापन होता है, वो भी मुझे प्रिय है।

प्र. – आपका प्रिय फूल?

उ. – पहाड़ों में खिलने वाले वसंत ऋतु के फूल।

प्र. – कौन-सी चिड़िया आपको सर्वाधिक पसंद है?

उ. – सफेद टोपी वाली रेडस्टाट।

प्र. – आपका प्रिय लेखक?

उ. – लेखक और कवि तो मित्रों की तरह होते हैं। कइयों से बिलकुल नई बात पढ़ने-सुनने को मिलती है, जो अपनी तरह से हमें प्रभावित करती है।

प्र. – किस गीतकार को पसंद करती हैं?

उ. – गीतकार भी मित्रों की तरह हैं। उनका प्रभाव भी हमें अपने-अपने ढंग से सांत्वना देता है।

प्र. – आपका प्रिय ऐतिहासिक नायक?

उ. – कश्मीर की रानी हब्बा खातून (16वीं शताब्दी)।

प्र. – कौन-से नाम आपको पसंद आते हैं?

उ. – जो व्यक्ति के स्वभाव के अनुकूल हों।

प्र. – आपको सबसे अधिक नापसंद क्या है?

उ. – ओछी विचारधारा व संकीर्ण मानसिकता। नफरत और घृणा। दिखावा, आडम्बर और क्षुद्रता।

प्र. – इतिहास में ऐसा कौन-सा पात्र है, जिसे आप सर्वाधिक नापसंद करती हैं?

उ. – हिटलर को– जिसका उन्माद और क्रूरता सबने देखी।

प्र. – ऐसी कोई सैन्य कार्यवाही, जिसे आप बहुत सम्मान देती हों?

उ. – अशोक और अकबर की सैन्य कार्यवाहियाँ ऐसी थीं; जिनका मैं आदर करती हूँ। वे दोनों अपने-अपने अदम्य साहस और विजयों के लिए इतिहास में प्रसिद्ध हैं। लेकिन इनमें जो बड़ी बात थी, वो थी दूरदृष्टि, बुद्धिमत्ता और परिपक्वता। इसी का नतीजा है कि कलिंग विजय के बाद अशोक को अपने उन्माद की निरर्थकता का अहसास हुआ और हमेशा के लिए उसने युद्ध न करने की प्रतिज्ञा कर ली। फिर शांति और भाईचारे का संदेश देश-विदेश में फैला दिया।

प्र. – ऐसा कौन-सा सुधार है, जो आप पसंद करती हैं?

उ. – उन लोगों की मदद, जो जरूरतमंद हैं।

प्र. – ऐसा कौन-सा प्राकृतिक गुण है, जिसे आप पाना चाहती हैं?

उ. – मधुर स्वर।

प्र. – आप किस तरह मरना चाहेंगी?

उ. – गौरव व सम्मान के साथ। ऐसी मौत, जिससे मेरे चाहने वालों को सबसे कम दुख हो।

प्र. – आपकी वर्तमान मनःस्थिति?

उ. – विश्व के मौजूदा हालात से क्षुब्ध।

प्र. – आपका कोई 'मोटो' (आदर्श वाक्य)।

उ. – कोई नहीं।

इस बातचीत से साफ है कि इंदिरा गांधी उदार, विशाल हृदय, संवेदनशील और भावुक थीं। साथ ही दृढ़, स्थिर मन, शक्ति-संपन्न व मजबूत इरादों वाली भी। इस बातचीत के परिप्रेक्ष्य में उनकी कार्य-प्रणाली का विश्लेषण किया जाए तो पता चलेगा कि कई कड़े निर्णय करने के पश्चात् उन्हें कितनी वेदना होती होगी, कितना मानसिक कष्ट होता होगा। पर राष्ट्रहित के लिए भावुकता को झटककर उन्होंने हमेशा कर्तव्य को तरजीह दी। व्यक्तिगत उलझनों की तो बिल्कुल परवाह ही नहीं की।

• • • •

संजय की असामयिक मृत्यु

11

इंदिरा गांधी का अंतिम कार्यकाल निःसंदेह उपलब्धियों का काल तो था ही, साथ ही दुखद प्रसंगों का भी, जिसमें उनकी हत्या भी शामिल है।

मगर इस काल में उनके लिए जो सर्वाधिक दुख का प्रसंग था, वह था छोटे पुत्र संजय गांधी से बिछोह।

उनके सत्ता में आने के मात्र पाँच महीनों के बाद 23 जून 1980 को प्रातःकाल संजय गांधी एक विमान दुर्घटना में दिल्ली में मारे गए।

जब संजय गांधी अपने जीवन के उत्कर्ष पर थे। मात्र 34 वर्ष की अल्पायु में ही उन्होंने राजनीतिक क्षेत्र में बड़ी-बड़ी सफलताएँ प्राप्त कर ली थीं। 1980 के मध्यावधि चुनावों में ही वे अमेठी से लोकसभा के लिए सदस्य चुने गए थे। उन्हें कांग्रेस (इ) में महासचिव का महत्वपूर्ण पद प्राप्त था।

संभावना यह प्रकट की जा रही थी कि इंदिरा गांधी के बाद अगले प्रधानमंत्री वही बनेंगे।

मगर 23 जून को संजय गांधी के साथ यह संभावना भी हमेशा के लिए समाप्त हो गई। उनका तूफ़ानी जीवन दुर्घटना के तूफ़ान की गिरफ्त में आकर शून्य में विलीन हो गया।

यह मार्मिक आघात इंदिरा गांधी के लिए बर्दाश्त कर पाना बहुत सहज नहीं था। वे माँ थीं और उनका जवान बेटा अकाल मृत्यु में मारा गया था। पर सबने उन्हें धैर्य के साथ यह सदमा भी बर्दाश्त करते देखा। वे जिस गरिमामय पद पर आसीन थीं, वहाँ व्यक्तिगत गम से दो-चार होने की भी तो उन्हें इजाज़त नहीं थी। फिर वे सिर्फ एक बेटे की माँ नहीं थीं, वे तो भारत के कोटि-कोटि जन की माँ थीं। उनके दुख-दर्द की साझीदार। सो उसके आगे व्यक्तिगत दुख-दर्द का महत्त्व ही क्या! भले ही उन पर वज्राघात हुआ, मगर इसे जाहिर नहीं होने दिया। बल्कि आंखों पर काला चश्मा चढ़ा लिया, ताकि कोई उनकी आंखों में झिलमिलाते आँसुओं की हल्की-सी चमकती हुई नमी भी न देख सके।

संजय गांधी राजनीति में धूमकेतु की तरह उभरे थे; हालांकि शुरू में उनकी रुचि इसमें बिलकुल नहीं थी। उनका झुकाव टेक्नोलॉजी की तरफ था। उनकी आरंभिक शिक्षा दिल्ली के सेंट कोलम्बस स्कूल में हुई थी। सन् 1965 में सीनियर कैम्ब्रिज की परीक्षा पास करने के बाद उन्होंने पूर्णरूप से तकनीकी शिक्षण प्राप्त करने की ठान ली। अब तक उन्हें कारें बनाने का शौक हो आया था– इसके बारे में वे पूरा ज्ञान प्राप्त करना चाहते थे, सो उन्हें लंदन भेज दिया गया, जहाँ रोल्स रायस नामक मोटर-निर्माण की फैक्टरी में उन्होंने कार के निर्माण का व्यावहारिक ज्ञान प्राप्त किया। वहाँ से प्रशिक्षण लेकर दिल्ली लौटे तो छोटी कार बनाने की धुन उन पर सवार हो चुकी थी। आरंभ में उन्होंने पुरानी दिल्ली के एक मोटर गैरेज में कार के निर्माण की योजना को अमली जामा पहनाने की कोशिश की। कुछ सफलता मिली तो हौसला बढ़ा। वे कम कीमत में आम जनता तक छोटी कार पहुँचाना चाहते थे, इसके लिए उन्होंने सरकार से अनुमति माँगी तो सन् 1968 में औद्योगिक विकास मंत्रालय ने छोटी कार बनाने की स्वीकृति उन्हें प्रदान कर दी। बस अब क्या था। मारुति की पूरी प्लानिंग तैयार हो गई। फैक्टरी के लिए ज़मीन की ज़रूरत हुई तो हरियाणा सरकार ने गुड़गाव में ज़मीन भी दे दी। यह सब बहुत जल्दी हो गया और अब यह मान लेने में गुरेज नहीं होना चाहिए कि प्रधानमंत्री का पुत्र होने की वजह से उन्हें सारी सुविधाएँ यथाशीघ्र मुहैया की गयीं। ऐसा प्रधानमंत्री की चाटुकारी के लिए भी किया गया। इंदिरा गांधी को खतरा सिर्फ विपक्ष के हमलों से ही नहीं था, अपनी पार्टी के चाटुकारों से भी था। यह भी मान लेना चाहिए कि संजय गांधी मेधावी थे, वरना सिर्फ प्रधानमंत्री का पुत्र हो जाने से ही लोग कामयाब नहीं हो जाते। कामयाब होने की तमन्ना चाहिए, तभी प्रधानमंत्री के पुत्र होने का लाभ उठाया जा सकता है, जो संजय गांधी ने उठाया। मेनका से उन्होंने 30 सितम्बर, 1974 को विवाह किया। सन् 1977 में आम चुनावों में वे कांग्रेस की तरफ से अमेठी से खड़े हुए थे, मगर उस आम चुनाव में बड़े-बड़े कांग्रेस के नेता, इंदिरा गांधी सहित चुनाव हार गए थे, सो संजय गांधी का भी वही हाल रहा।

1977 से 1979 तक संजय गांधी जनता पार्टी की सरकार द्वारा स्थापित अनेक जाँच आयोगों की गिरफ्त में रहे। ये वर्ष उन्होंने बड़े मानसिक संताप में बिताए थे। इसके बाद आए सन् 1980 के मध्यावधि चुनाव, जिनमें उन्होंने अमेठी का चुनाव जीत लिया।

उन्हें जितना कार बनाने का शौक था, उतना ही हवाई जहाज उड़ाने का भी। जब भी मौका मिलता, वे नई दिल्ली के सफदरगंज एयरपोर्ट पर पहुँच जाते और हवाई जहाजों की कलात्मक उड़ाने भरते।

उन्हीं दिनों एयरपोर्ट पर पिट्स एस 2 ए नामक कलाबाज विमान आया था। संजय गांधी एक दिन पहले ही प्रधानमंत्री इंदिरा गांधी व पत्नी मेनका के साथ लद्दाख समारोह में भाग लेकर दिल्ली लौटे थे। वे माँ के साथ सफदरजंग रोड पर ही रहते थे, जबकि संसद सदस्य होने के नाते विलिंग्डन क्रीसेंट स्थित एक बँगला उन्हें मिला हुआ था। अगले दिन सोमवार 23 जून को वे अपनी प्रिय मेटाडोर गाड़ी लेकर सफदरजंग एयरपोर्ट पहुँचे। तमन्ना थी पिट्स एस 2 ए विमान उड़ाने की। कैप्टेन सक्सेना के साथ उन्होंने वह उड़ान भरी और आकाश की ऊँचाइयों में जाकर ख़ूब कलाबाजियाँ खायीं। वह उनकी अंतिम उड़ान थी। वे कैप्टन सक्सेना सहित दुर्घटना-ग्रस्त होकर मौत के शिकार हो गए।

इस भयावह और दुखद हादसे को इंदिरा गांधी ने बड़ी मुस्तैदी, हौंसले व दृढ़ता के साथ बर्दाश्त कर लिया और राष्ट्र के प्रति अपने दायित्वों को निभाने में लीन हो गईं।

आगामी वर्ष प्रगति के वर्ष थे-इंदिरा गांधी की कामयाबी के वर्ष थे।

वर्ष 1982 में उन्हीं की प्रेरणा से भारत में नई दिल्ली में एशियाई देशों की प्रतियोगिताएँ आयोजित हुईं, जिनका आयोजन जनता पार्टी के शासनकाल में संदिग्ध हो गया था। सन् 1962 में एशिया के देशों की ये खेल प्रतियोगिताएँ तत्कालीन प्रधानमंत्री जवाहर लाल नेहरू के आशीर्वाद से सम्भव हो सकी थीं। ठीक बीस वर्षों के बाद उनका भारत में पुनः आयोजन करके इंदिरा ने राष्ट्र को नया गौरव प्रदान कराया था। निःसंदेह, अंतर्राष्ट्रीय खेल जगत् में इससे भारत की प्रतिष्ठा बढ़ी थी और देश में खेलों के प्रति नई रुचि जाग्रत हुई थी।

अगले साल सन् 1983 में नई दिल्ली में एक और अंतर्राष्ट्रीय आयोजन हुआ। जो था गुट निरपेक्ष राष्ट्रों का सातवाँ अधिवेशन। यह कौन नहीं जानता कि गुट निरपेक्षता के आन्दोलन की शुरुआत में भारत का भी प्रमुख योगदान रहा। वह इस आंदोलन के जनक राष्ट्रों में अग्रणी था। अधिवेशन में भाग लेने अनेक अफ्रीकी तथा तीसरी दुनिया के सदस्य राष्ट्र दिल्ली पहुँचे और विज्ञान भवन में भव्य अधिवेशन सम्पन्न हुआ। इसी अधिवेशन में क्यूबा के राष्ट्रपति फिदेल कॉस्त्रो ने अपना कार्यकाल समाप्त हो जाने के बाद सर्व-सम्मति से इंदिरा गांधी को आंदोलन का 'चेयरपरसन' घोषित कर दिया। इस अधिवेशन से भारत की विदेशों में साख बढ़ी थी और राजनीतिक हलकों में उसकी राय को पहले से अधिक सम्मान दिया जाने लगा।

भारत की विदेश नीति का अपना ही अलग महत्त्व है और इन वर्षों में उसकी विशेषता के कई पहलू उजागर हुए थे। सब राष्ट्रों से दोस्ती, विशेषकर पड़ोसी राष्ट्रों से, भारत की विदेश नीति का सबसे बड़ा मुद्दा रहा है।

गरीब और तीसरी दुनिया के मुल्कों के लिए भारत मुखर प्रवक्ता बन सका था, तो वह सिर्फ इंदिराजी की वजह से ही। उन्हें जब भी मौका मिला, अंतर्राष्ट्रीय मंचों पर उन देशों की हिमायत की थी। साम्राज्यवाद, उपनिवेशवाद और नस्लवाद के खिलाफ भारत की मुहिम जगप्रसिद्ध है। शोषित व गुलाम अफ्रीकी देशों की जंगे-आज़ादी में भारत ने हमेशा समर्थन ही दिया था। इंदिरा गांधी यह सब कर सकी थीं तो सिर्फ इसलिए कि भारत की मानसिकता ही ऐसी थी। यह सही है कि भारत ने स्वयं गुलामी भोगी थी और साम्राज्यवाद का शोषण हुआ था। यह सब इंदिरा गांधी की आँखों के सामने हुआ था। लेकिन सिर्फ इसीलिए उन्होंने भारत की विदेश नीति को यह रुख़ नहीं दिया था, न इसलिए कि वे उन नीतियों को बढ़ावा देने वाले पंडित जवाहरलाल नेहरू की पुत्री थीं। इन बातों का भी असर पड़ा होगा, इससे इंकार नहीं किया जा सकता, पर सबसे बड़ा असर जो उन पर पड़ा था, वह की भारत की अपनी प्राचीन चिन्तन-पद्धति का, जिसका आदर्श वाक्य है-'वसुधैव कुटुंबकम्; अर्थात् 'विश्व एक कुटुम्ब है।' घरेलू नीतियों को लागू करने में भी उन्हीं भारतीय सत्यों का सहारा लिया गया था। सर्वधर्म समभाव व समानता के आधार पर वे जिस भारत का निर्माण करना चाहती थीं, जो भारत की मूल विशेषता व आधारभूत आदर्श है।

वे भारत को आत्म-निर्भर और खुशहाल देखना चाहती थीं। चहुँमुखी प्रगति के लिए उन्होंने बिलकुल छोटे, दस्तकारी शिल्प से लेकर विशाल पैमाने वाले उद्योगों तक विकास किया। राष्ट्रीयकृत बैंकों द्वारा उन्होंने छोटे कारीगरों, किसानों, व्यापारियों तक को ऋण की सुविधाएँ मुहैया करवायीं। इसका नतीजा यह है कि आज घर-घर में लघु उद्योग स्थापित हैं और भारत पूर्णत: आत्मनिर्भर है।

तकनीकी क्षेत्र में विकास का यह हाल है कि गाँव-गाँव बिजली पहुँच गई है और आधुनिकतम इलैक्ट्रोनिक उपकरण टी. वी., कम्प्यूटर और मोबाइल फोन तक दूरदराज के क्षेत्रों में पहुँच गये हैं।

भारत का पहला अन्तरिक्ष यात्री स्क्वैड्रन लीडर राकेश शर्मा 1984 के मध्य में ही रशियन सहयात्रियों के साथ अंतरिक्ष में गया था।

इंदिरा गांधी के अन्तिम शासन काल की ये कुछ मोटी-मोटी उपलब्धियाँ हैं, जिनकी सर्वाधिक चर्चा रही।

लेकिन समस्याएँ भी थीं। हम हैं तो समस्याएँ भी रहेंगी ही। मगर कुछ समस्याएँ ऐसी होती हैं, जो कई कारणों से जटिल बन जाती हैं।

ऐसी ही एक समस्या थी, पंजाब की समस्या। इसकी जटिलता इसी से आँकी जा सकती थी कि इंदिरा गांधी को अपनी जान की आहुति भी देनी पड़ी।

• • • •

पंजाब समस्या

12

पंजाब की समस्या बहुत पुरानी थी, संभवत: भारत की आजादी के वक्त की पर पहले इसका रूप इस कदर उलझा हुआ न था और न ही इसके साथ आतंकवाद आकर जुड़ा था।

हम पंजाब समस्या की व्यापकता में नहीं जाएँगे। बस, इतना बताना काफी होगा कि पंजाब के हित के लिए अकाली दल की कुछ माँगें थीं, जो वह केन्द्र सरकार से मनवाना चाहता था। प्रसंग में हम कह दें कि अकाली दल चूँकि राजनीतिक पार्टी है, इसलिए अवसर के अनुकूल समय-समय पर इनकी माँगें बदलती और बढ़ती रही हैं।

मुश्किल यह है कि जब राजनीतिक पार्टी क्षेत्रीय हो और उसका सम्बन्ध किसी खास सम्प्रदाय से हो तो हर मामला अधिक संवेदनशील, नाजुक और पेचीदा हो जाता है। फिर ऐसी पार्टी से धर्म भी आ जुड़े तो खतरा अधिक बढ़ जाता है।

अकाली दल पंजाब के सारे सिखों की प्रतिनिधि राजनीतिक पार्टी नहीं है, मगर उसका पंजाब में दबदबा है, विशेषकर गुरुद्वारों पर अधिकार होने की वजह से। दल की तत्कालीन अनेक माँगें थीं—राजनीतिक, प्रशासनिक भी, धार्मिक, संवैधानिक भी।

राष्ट्र-हित को नुकसान न पहुँचे, उनकी ऐसी अनेक माँगें मान ली गयी थीं। अधिकांश धार्मिक माँगों को पहले ही स्वीकार किया जा चुका था। जिन माँगों से अन्य राज्य प्रभावित होने थे, उन पर विचार-विमर्श चल रहा था। उनकी जो नयी माँग 1984 के शुरू में उठी थी, वो थी—संविधान की एक पंक्ति में सिखों को जो हिंदुओं के साथ रखा गया है उन्हें अलग किया जाए।

हालांकि संविधान में ऐसा कुछ नहीं है कि उस पंक्ति को बदले जाने की आवश्यकता थी, मगर आखिर यह क्यों सोचा गया कि हिन्दू-सिख को अलग किया जाए। ऐतिहासिक प्ररिप्रेक्ष्य में तो यह और भी उचित प्रतीत नहीं होता। आखिर

हिन्दू-सिख किसी के अलग करने से अलग हो जाएँगे? क्या खून के रिश्ते के भी अलग-अलग सम्प्रदाय होते हैं? कुछ वर्ष पहले तक कोई नहीं जानता था कि सिख और हिन्दू कोई जुदा जातियाँ हैं। जब एक ही परिवार में एक भाई सिख हो और एक भाई हिन्दू, तो ये दो सम्प्रदाय कैसे हो सकते हैं? धर्म-आवरण भी दोनों का समान है। सिख हिन्दू देवी-देवताओं को मानते हैं और हिन्दू सिख गुरुओं को। संस्कार वही, रहन-सहन वही। बस, अन्तर है तो केवल इतना ही जितना विभिन्न हिन्दू तबकों के संस्कारों में।

राजनीतिक स्वार्थ-सिद्धियों के लिए जो लोग हिन्दू-सिख में विभेद पैदा कर रहे थे, उन्हें इतिहास कभी क्षमा नहीं करेगा। यूँ तो मानव मात्र में ही विभेद का प्रयास घृणित है।

नफरत, घृणा, विभेद और विघटन की राजनीति इंदिरा गांधी को बिल्कुल पसंद नहीं थी और इसलिए भी उन्हें पंजाब समस्या के मौजूदा स्वरूप से अत्यन्त अफसोस था।

बहरहाल, अकाली दल की माँगें अपनी जगह पर थीं, जो सिखों की मनोभावनाओं को उद्वेलित कर रही थीं।

कुछ सिख नेता विदेश में रहते थे, जिन्हें भारत में कोई दिलचस्पी नहीं थी और जो कुछ विदेशी ताकतों के हाथ कठपुतली बनकर कुछ सिखों में विघटनकारी भावनाओं को उभार रहे थे। ऐसे लोग संत नेता भिंडरवाले के इर्द-गिर्द जमा हो गए और सिखों के अलग राज्य 'खालिस्तान' की माँग करने लगे। ये मुट्ठी भर लोग थे, पर हथियारों से लैस। उन्होंने आतंकवाद का सहारा लिया और पंजाब का आम जीवन अस्त-व्यस्त कर दिया। हिन्दू-सिख दोनों उनकी क्रूर कार्यवाहियों से आक्रांत थे।

जो अकाली दल अब तक आन्दोलन की बागडोर संभाले हुए था, आंदोलन उसके हाथ से निकलकर आतंकवादियों के हाथ जा लगा था। अकाली दल किंकर्तव्यविमूढ़ था और आतंकवादियों के कारनामे जारी थे।

हर दिन पंजाब में लूटपाट, आगजनी, हत्या, अपहरण। हर घटना में आंकवादियों का शुमार। कहा जाता था, कुछ लोग अमृतसर के स्वर्ण मंदिर से हथियारबंद होकर निकलते थे और अपना काम समाप्त कर स्वर्ण मंदिर में जा छिपते थे। स्वर्ण मंदिर में संत नेता भिंडरवाले का स्थायी निवास था और उसी के परिसर में अकाली दल के चुने हुए पार्टी अधिकारी लोगोंवाल व तोहड़ा शक्तिविहीन थे। स्वर्ण मन्दिर अकाली दल के प्रबन्धन में था, पर उनका प्रभुत्व यहाँ की गैर-कानूनी गतिविधियों पर नहीं रहा था। सरकार ने अकाली दल से बार-बार कहा कि स्वर्ण मंदिर को

आतंकवादियों से मुक्त कराए। खबरें आ रही थीं कि वहाँ भारी मात्रा में गोला-बारूद और हथियार जमा किए जा रहे थे।

आतंकवादी खालिस्तान की माँग कर रहे थे और उनकी बंदूकें जब भी उठती थीं, भारत के परिक्षेत्र में। उनके खालिस्तान का जो नक्शा था, उसमें पंजाब का तो पूरा इलाका था ही, साथ ही राजस्थान, दिल्ली, जम्मू व हरियाणा के भी कई हिस्से शामिल थे। आश्चर्य है कि उसमें लाहौर का कहीं जिक्र नहीं था। लाहौर—जो कि संयुक्त पंजाब के दिनों में पंजाबियत का महान केन्द्र था। उन्होंने कभी भी पाकिस्तान से संयुक्त पंजाब के हिस्सों की माँग नहीं की। पाकिस्तान में गुरु नानक देव की पवित्र जन्मस्थली है—तलवंडी, जिसे अब ननकाना साहब कहते हैं। विदेश में रहने वाले किसी भी खालिस्तान समर्थक सिख नेता और भारत में आंतकवाद के सहारे खालिस्तान की माँग करने वालों ने ननकाना साहब को खालिस्तान में मिलाने की नहीं सोची। न मिलाएँ खालिस्तान में, कम से कम पाकिस्तान से यह माँग तो की जा सकती थी कि उसे वेटिकन सिटी जैसा दर्जा दिया जाए।

यहाँ हम यह स्पष्ट कर दें कि भारत का बहुसंख्यक सिख वर्ग खालिस्तान के बिलकुल खिलाफ था। अकाली दल ने भी कभी ऐसी विघटनकारी माँग नहीं की, मगर जो गुमराह लोग माँग कर रहे थे, उन्हें भी चुप नहीं कराया।

जरूरत थी पंजाब समस्या को सही परिप्रेक्ष्य में देखने की। समस्या को गहराई से समझने की। इन समस्याओं का जो इंदिरा गांधी के मनोमस्तिष्क पर प्रभाव रहा था, वह भी कम वेदनामय नहीं था।

इंदिराजी इस सारी समस्या के बारे में क्या सोचती थीं? यह वास्तव में समस्या थी क्या और समस्या के निदान के बारे में इंदिरा गांधी के क्या विचार थे? सन् 1984 के शुरू में साप्ताहिक हिन्दुस्तान की सम्पादिका शीला झुनझुनवाला ने प्रधानमंत्री से भेंट की थी। उस अवसर पर उनकी इंदिरा गांधी से लम्बी बातचीत हुई थी, जिसे हम यहाँ उद्धृत कर रहे हैं। इस बातचीत से समस्या को अधिक आसानी से समझा जा सकता है। शीला झुनझुनवाला ने लिखा था–

"पंजाब में एक लम्बे अरसे से चल रहे हिंसा के दौर और बढ़ते आतंकवाद ने समूचे देश के शांतिप्रिय नागरिकों को झकझोर कर रख दिया है। जो कुछ जितना और जिस तरह उभरकर लगातार सामने आ रहा है वह मात्र यही है कि पंजाब में निरीह नागरिकों के जीवन से क्रूरतापूर्ण खिलवाड़ हो रहा है। हिंसात्मक घटनाओं के दौरान मारे गए ज्यादातर लोग बेबस और निरीह थे, जिनका राजनीति से न कोई लगाव था न कोई लेना–देना। वे ऐसे लोग थे जो जीवन–संघर्ष में जुटे हुए थे, शांतिपूर्ण ढंग से और चैन से। ऐसी घटनाओं की कमी नहीं हो रही थी, जब राह चलते बिना कारण, बिना किसी वैमनस्य के एक निर्दोष दुकानदार को गोली मार दी गई या

फिर काम पर जा रहे किसी कर्मचारी या बस में जाते हुए किसी राहगीर की जान ले ली गई। ऐसी ही घटनाएँ बाद में हरियाणा में भी हुईं। भय और आशंका से ग्रस्त इस वातावरण में असामाजिक तत्त्वों की बन आई है जो या तो देश को सरसब्ज नहीं देखना चाहते या ऐसी हर घटना से राजनीतिक स्वार्थ पूरा करना चाहते हैं। एक सबसे भयानक चिन्ताजनक बात जो पिछले दो-तीन महीनों में उभरकर देश के सामने आई है, वह है हमारी राष्ट्रीय एकता में पड़ती दरार। कोई भी देश इस प्रकार की पड़ती हुई दरार को सहन नहीं कर सकता है जो सभी शान्तिप्रिय नागरिकों के लिए निश्चित रूप से चिन्ता का विषय अवश्य बनती है।

एक अनौपचारिक बातचीत के लिए जब मैं श्रीमती इंदिरा गांधी से संसद भवन में उनके कक्ष में मिली तब मुझे लगा कि उनके दिल और दिमाग में, आज जो हिंसा का दौर देश में चल रहा है उसके बारे में काफी चिन्ता है। वह चिंता केवल एक प्रधानमंत्री की ही नहीं, वरन एक माँ, एक बहन, एक बेटी की चिन्ता भी है।

बातचीत के दौरान जो प्रश्न उभरे, उनमें सबसे पहले यह बात उठी कि आखिर वे लोग कौन हैं जो इस बेदर्दी से लोगों की हत्या कर रहे हैं। अकाली सिख या हिन्दू; दोनों ही इस देश के अनिवार्य अंग हैं। उन्हें लेकर यह कल्पना ही नहीं कि जा सकती कि उनमें से किसी एक के बिना देश का जिस्म पूरा हो सकता है। यह बात अकाली सिख भी बख़ूबी जानते हैं और हिन्दू भी। इसके बावजूद यह विभेद पैदा करने की निरंतर कोशिशें हो रही हैं। लूटमार, निर्दोष नागरिकों की हत्याएँ, अपराध और षड्यन्त्र चल रहे हैं। तब प्रश्न उठता है कि ऐसी कौन-सी स्थितियाँ या कारण हैं जिनके तहत ऐसा हो रहा है। वे लोग कौन हैं जो यह कर रहे हैं और जिनका न तो पूरी तरह सिखों के सम्बन्ध है और न कोई वास्ता हिन्दुओं से है। वे क्या कारण हैं जिनकी वजह से दरार डालने वाले नकाब में बंद चेहरों को यह अवसर मिल रहा है कि वे देश में तोड़फोड़ का वातावरण तैयार करें।

उपर्युक्त सभी प्रश्नों का समाधान खोजना राष्ट्रीय हित में सभी के लिए जितना चिंतनीय बना हुआ है उतना ही आवश्यक भी है। इन सवालों के उत्तर उत्तेजनापूर्ण और गैर-ज़िम्मेदाराना बयानों में नहीं मिल सकते। ये प्रश्न अब केवल किसी राज्य या वर्ग की माँगों के प्रश्न न होकर राष्ट्रीय एकता के प्रश्न बन चुके हैं। इन पर विचार और सोच पाना तभी सम्भव है जबकि दृष्टि के सामने आने वाले छोटे-छोटे निजी स्वार्थ, दलगत राजनीति के ओछे इरादे और स्थितियों से लाभ उठाने की प्रवृत्तियों के जालों को न हटाया जाए। आज देश का हर प्रबुद्ध नागरिक और बुद्धिजीवी पंजाब और हरियाणा की समस्या को लेकर चिंतित है। प्रधानमंत्री भी चिंतित हैं। आंदोलनकारी जानते हैं कि समस्या का हल नारेबाजी, बन्द, हड़ताल या जुलूसों से नहीं, वार्ता की मेज पर ही होगा। वार्ता में बरते जाने वाले विश्वास और समय

से हर समस्या हल हो सकती है। मेज पर इकट्ठे होने की कई कोशिशें कीं। पिछले दिनों दिल्ली में हुई त्रिपक्षीय वार्ता में सरकार के अलावा अकाली नेता और विरोधी राजनीतिक दलों के प्रतिनिधि भी मौजूद थे। नतीजे निकल सकें, इसके पहले ही बेरुखी, संदेह की दृष्टि वार्ताओं के दौरान झलकने लगी और बातचीत टूट गई। सहसा अकाली नेतृत्व की ओर से घोषणा की गई कि अब अकाली नेतृत्व त्रिपक्षीय वार्ता में भाग नहीं लेगा और उसके बाद अकाली दल द्वारा संविधान के 25वें अनुच्छेद को जलाए जाने की घटनाएँ हुईं। हरियाणा में भी जो हुआ, अच्छा नहीं हुआ। वहाँ भी लोगों को कानून अपने हाथ में नहीं लेना चाहिए था।

बनती हुई बात सहसा बिगड़ गई और समस्या का सौहार्दपूर्ण हल नहीं निकल सका। उनका अगला कदम क्या है? पूछने पर श्रीमती गांधी ने कहा कि वे अकाली नेताओं से मिलने को तैयार हैं, पर हिंसा के वातावरण में कोई बातचीत कैसे हो सकती है। तरीका तो यह है कि पहले हिंसा खत्म की जाए। परस्पर फैल रहा घृणा का वातावरण समाप्त हो। यदि सचमुच समस्या का निष्कर्ष निकालना है, तब कटुता और वैमनस्य की भावना को तुरन्त दूर किया जाना चाहिए। जब मैं यह बात कहती हूँ तब मेरा मतलब यह है कि मैं धमकी में विश्वास नहीं करती। वार्ता का वातावरण तैयार हो, निर्दोष नागरिकों की हत्याएँ और लगातार होती हुईं आतंकवादी कार्यवाहियाँ बन्द हों तो मैं बात करने के लिए तैयार हूँ। मैंने बात करने से कभी इंकार नहीं किया। यहाँ तक कि मैं पंजाब जाने को भी तैयार हूँ। यदि उससे कोई लाभ हो तो मैं संतों से मिल सकती हूँ, पर मानवीय आधार पर; बन्दूक की ध मकी के ज़ोर पर नहीं।

श्रीमती गांधी का कहना बिलकुल सही है। कोई भी बातचीत वर्तमान आतंक भरी स्थितियों में नहीं हो सकती। देश-विदेश की आम जनता के अतिरिक्त सिख संप्रदाय ने भी संविधान के 25वें अनुच्छेद को जलाने का समर्थन नहीं किया है। अनेक सिख बुद्धिजीवियों से बातचीत का एक ही निष्कर्ष निकलता है कि यह कार्यवाही न सिर्फ गलत, बहकी हुई कोशिश, कानून के विरुद्ध, बल्कि दुखद भी है और इससे देश के दूसरे भागों पर बुरा प्रभाव पड़ेगा।

पंजाब की स्थिति और वातावरण को लेकर प्रधानमंत्री का कहना था कि 'किसी वर्ग विशेष को इसके लिए दोषी नहीं ठहराया जा सकता है।' उनके अनुसार पंजाब में व्याप्त हिंसा की ज़मीन जाने-अनजाने अकाली आन्दोलन ने बना दी और अब स्थिति अकाली आन्दोलन के नेताओं के हाथ से भी बाहर निकल चुकी है। उन्होंने इस भयानक अराजकता के कई कारण बताए। इसमें निहित हैं—राजनीतिक दलों के स्वार्थ, साम्प्रदायिकता, असामाजिक तत्त्व और अनेक मामलों में व्यक्तिगत वैमनस्य। प्रशासन और कानून की बात चलने पर उन्होंने कहा कि कानूनी कार्यवाही तो की जा रही है। पर भय का वातावारण

इतना ज्यादा हो गया है कि अपराधियों के खिलाफ आगे आकर बताने को कोई तैयार नहीं है।

श्रीमती गांधी ने एक अनुभव बताया कि जिससे भय की इस स्थिति की विचित्रता का पूरा एहसास होता है। उन्होंने बताया कि हाल में उनके मिलने एक जज आए थे जो कांग्रेस (ई) के समर्थक थे। उन्होंने बताया कि 'भय के वातावरण की तो यह हालत हो गई है कि लोग डर के मारे अपराधी या अपराधियों के खिलाफ गवाही नहीं दे रहे हैं। गवाही के अभाव में उचित दंड नहीं दिया जा सकता, वे छूट जाते हैं और पुनः हिंसात्मक कार्यों में जुट जाते हैं।

एक प्रश्न बार-बार देश में उठ रहा है कि क्या हिंसा का एक दौर जो पंजाब से प्रारम्भ हुआ, इसलिए शुरू हुआ, क्योंकि अकालियों की माँगों पर तुरन्त निर्णय नहीं लिया जा सकता और उन्हें ज्यादा छूट दे दी गई है। इस प्रश्न को जब मैंने उठाया तब प्रधानमंत्री ने कहा—"केवल पंजाब का मामला ही नहीं है दूसरे अन्य राज्य भी इससे सम्बन्धित हैं। हम हर बिन्दु पर सहमत नहीं हो सकते। मामले का हल या तो बातचीत से हो सकता है या ट्रिब्यूनल से। इसके बारे में मैंने पहले ही प्रस्ताव रखा है, किन्तु मुझे अभी पूरा विश्वास नहीं है कि अकाली ट्रिब्यूनल का फैसला मानेंगे। बातें बार-बार एक बिन्दु तक आकर टूट जाती हैं। वे हर बार मुकर जाते हैं और नई बात उठाते हैं।"

पंजाब की, हरियाणा की और सारे देश की जनता यही चाहती है कि शांति हो, सद्भावनापूर्ण वातावरण बने, किन्तु एक छोटा अल्पमत इसके विरोध में है। उन्होंने बताया कि पंजाब में जो लोग आतंकवादी स्थितियाँ पैदा कर रहे हैं उनमें अधिकतर अपराधी, स्मगलर, देश-विरोधी तत्त्व और कुछ बाहरी देशों के एजेंट शामिल हैं, जो इन तत्त्वों को हथियार दे रहे हैं, रुपये दे रहे हैं और भेष बदलकर देश में आ रहे हैं। इन लोगों ने तोड़-फोड़, आम आदमी को डराने की प्रक्रिया कायम कर रखी है। इनको पकड़ने के लिए गाँव-गाँव में जनता के सहयोग की अपेक्षा है। यह केवल पुलिस का ही काम नहीं है।

कहा जाता है कि पड़ोसी देश पाकिस्तान के लोग बड़ी संख्या में सिखों की वेशभूषा में पंजाब में घुस आए हैं।

श्रीमती गांधी ने सबसे बड़ी समस्या—'अकालियों का किसी एक बात पर टिक न पाना' बतलाई। श्रीमती गांधी ने कहा, 'पिछले दिनों जब अकालियों की अधिकतर धार्मिक माँगे मान लीं, तो वे इस बात पर एतराज करने लगे कि उन माँगों के स्वीकार किए जाने की घोषणा गुरुद्वारों में क्यों की?'

अजीब उलझन प्रधानमंत्री के चेहरे पर उभर आई थी। घटना बतलाते हुए

उन्होंने कहा, 'मेरा कोई इरादा तो था नहीं, पर गुरुद्वारे में जाना हुआ और वहाँ किसी ने पूछ लिया तो मैंने कह दिया।'

यहाँ उन्होंने यह भी स्पष्ट किया कि वे उनकी हर माँग तो स्वीकार नहीं कर सकतीं। उन्हें केवल पंजाब नहीं, दूसरे राज्यों का दृष्टिकोण भी सामने रखना है। मामला सुलझाने की वे निरन्तर कोशिश करती रही हैं, किन्तु दबाव से वे न तो अपनी बात थोपने में विश्वास रखती हैं और न ही यह उन्हें स्वीकार है कि उन पर कोई बात थोपने का प्रयत्न किया जाए।

बातचीत के सारे दौर में वे गहरी संवेदना और भावनाओं के साथ चिन्तित दिख रही थीं। एक बार वे बोलीं, 'मिलना–जुलना या बातचीत क्या हमेशा किसी मतलब से होती है।' उनका कहना था, 'इंसानी रिश्ते से भी आदमी एक–दूसरे से मिलते-जुलते हैं, बैठते हैं। पर होता यह है कि मैं भेंट करने को तैयार हो जाती हूँ और अकाली कतरा जाते हैं, किसी बार कोई कारण बताकर, किसी बार कोई कारण।'

यह कहे जाने पर कि अगर वे भेंट करने को तैयार नहीं होते तो यह बात जनता के सामने लायी जानी चाहिए, श्रीमती गांधी ने कहा—"यह काम तो समाचार साधनों का है कि वे सत्य को लोगों के सामने लाएँ, क्योंकि ऐसे विरोधी दलों की भी कभी नहीं है, जो राजनीति के सीमित हितों और स्वार्थों के तहत सारे मामले को साम्प्रदायिक रंग दिए जा रहे हैं, बिना यह सोचे-समझे कि इसके क्या नतीजे हो सकते हैं। इससे देश की अखण्डता को खतरा पैदा हो सकता है जिससे कुछ विदेशी ताकतें लाभ उठाना चाहती हैं।"

संत हरचन्द सिंह लोंगोवाल का यह कहना है कि सिखों के प्रतिनिधियों ने 1948 में संविधान पर दस्तखत करने से इन्कार कर दिया था क्योंकि उस समय भी 25वें अनुच्छेद पर उनके ऐतराज पर कोई सुनवाई नहीं हुई थी। प्रश्न यह है कि यह अनुच्छेद इतना अपमानजनक था तो वर्ष–दर–वर्ष 35 वर्ष की लम्बी यात्रा में कभी कोई गम्भीर माँग इसको बदलने या इसको संतुलित करने के लिए क्यों नहीं की गई?

इससे भी कहीं ज्यादा चौंकाने वाली बात डॉ. रफीक जकरिया ने पिछले दिनों संसद में बताई कि अकाली नेता संत हरचन्द सिंह लोंगोवाल ने प्रधानमंत्री श्रीमती इंदिरा गांधी द्वारा लोकसभा में दी गई इस सूचना को गलत बतला दिया कि संविधान के 25वें अनुच्छेद के सिलसिले में बरसों पूर्व मास्टर तारासिंह ने सरदार पटेल से इस बात पर सहमति जाहिर कर दी थी कि सिखों को हिन्दुओं के साथ रखा जाए। डॉ. जकरिया ने अपने वक्तव्य में यह साफ जाहिर किया था कि सम्भवत: संतजी तथ्यों से पूरी तरह अवगत नहीं है। इसके

बाद उन्होंने विस्तार से संविधान सभा और उस दौरान हुई सिख प्रतिनिधियों की बातचीत का ब्यौरा दिया।

इस ब्यौरा से बहुत हद तक यह स्पष्ट हो जाता है कि संत लोंगोवाल संभवतः तथ्य से परिचित नहीं हैं। यों भी विचारकों ने उस अनुच्छेद के जो अर्थ किए हैं और उसके व्यापक प्रभाव की व्याख्या की है उसके अनुसार यह समझ पाना तनिक भी कठिन नहीं है कि उक्त अनुच्छेद न सिर्फ सिखों के अलग अस्तित्व को बनाए रखता है बल्कि अधिकारों की व्यापकता भी उसमें सुनिश्चित है।

यह आश्चर्य और दुख की बात है कि अकाली दल के ज़िम्मेदार नेतृत्व ने ऐसे कदम उठाए जिससे समस्या जटिल होती गई। बेहतर तो यह होता कि अकाली नेतृत्व ऐसी स्थितियाँ बनाता कि बात सहानुभूति और संवेदना के वातावरण में बनती चली जाती। इसके विपरीत पिछले महीनों में जो हुआ, आंदोलन के औचित्य पर अनेक प्रश्न-चिह्न लगा देता है।

आनन्दपुर प्रस्ताव को लेकर श्रीमती गांधी की स्पष्ट राय थी कि यह उन्हें बिल्कुल स्वीकार नहीं है और अकालियों को भी उसे छोड़ना पड़ेगा, क्योंकि उसमें बहुत से ऐसे मुद्दे हैं; जैसे गंगा नगर का मसला जिसे स्वीकार नहीं किया जा सकता।

एक अन्य प्रश्न के उत्तर में प्रधानमंत्री ने कहा–'भारतवर्ष में अनेक 'नेशनल माइनारटीज' हैं, जैसे सिख, मुसलमान, पारसी, ईसाई, बौद्ध इत्यादि, पर हम सब एक शब्द 'हिन्दुस्तानी' में बँधे हैं। भारत में जितनी सुविधाएँ अल्प वर्गों को प्राप्त हैं शायद दुनिया में किसी और देश के लोगों को प्राप्त नहीं हैं।'

चंडीगढ़ के प्रश्न को लेकर प्रधानमंत्री का कहना था, 'व्यक्तिगत रूप से मैं पंजाब को चंडीगढ़ देने के लिए कमिटैड हूँ। लेकिन बात इतनी ही नहीं है। इसके लिए हरियाणा तो तैयार हो। इसके बहुत पहलू हैं। इसे विश्वास में लेना होगा। अबोहर और फाजिल्का का मसला है अकाली अभी तक यह नहीं मानते हैं कि अबोहर और फाजिल्का और उसके आसपास के क्षेत्र हरियाणा को दिए जाएँ।'

पंजाब और हरियाणा को लेकर जिस व्यापक संदर्भ और राष्ट्रीय हितों के परिप्रेक्ष्य में श्रीमती गांधी सोचती हैं, वह सोच उन सभी के लिए विचारणीय है जिन्हें राष्ट्रीय एकता और जनतन्त्र के प्रति आस्था है। यह संकट कितना गहरा है, इस संदर्भ से जुड़ा एक अनुभव मुझे याद आ रहा है। मैंने श्रीमती इंदिरा गांधी को यह अनुभव बताया। हाल ही की अपनी मुम्बई यात्रा में मैंने देखा कि लोग सिख ड्राइवर वाली टैक्सियों में बैठने से कतराते हैं। कुछ दिन पहले स्थिति यह थी कि अगर टैक्सी का ड्राइवर सिख होता था तो लोगों को राहत और संतोष रहता था कि टैक्सी में अकेले जाने पर भी उस टैक्सी में

उनकी बहन-बेटियाँ सुरक्षित थीं। कैसा अटूट विश्वास था उन्हें अपने सिख भाइयों पर।

विश्वास की यह विषम स्थिति पंजाब व हरियाणा में हो रही हिंसा की घटनाओं के कारण देश के दूसरे हिस्सों में पनपती जा रही हैं। इस संकट को यदि पनपने दिया गया तो भविष्य क्या होगा इसकी कल्पना सहज ही की जा सकती है।

उपर्युक्त घटना को सुनकर श्रीमती गांधी की प्रतिक्रिया थी कि 'इस बात की जरूरत है कि पंजाब और पंजाब से बाहर हमारे सिख भाई जो हिंसा के विरोधी हैं, संगठित होकर उग्रवादियों पर जोर डालें और संगठित रूप में अपनी राय लोगों को बताएँ।' उनका कहना था कि इसमें समाचार-पत्र काफी मदद कर सकते हैं जिससे सही वातावरण बने। पंजाब और हरियाणा में जाकर 'पीस मार्च' में शामिल हों, तो सही वातावरण बनाने में मदद मिलेगी।

लगभग एक घंटे की इस बातचीत में मैंने समस्या को लेकर प्रधानमंत्री की चिन्ता और तुरन्त उसे निबटाने के लिए उनकी हार्दिक इच्छा महसूस की। बातचीत के दौरान श्रीमती गांधी ने कहा कि 'संत लोग हुक्मनामा जारी करते हैं। मैं हुक्मनामा जारी नहीं कर सकती, क्योंकि मैं डिक्टेटर नहीं हूँ। मेरे लिए सारे देश के हित का पूरा ख्याल रखना जरूरी है।'

मुझे लगा कि श्रीमती गांधी देश में घटित होने वाली घटनाओं से बहुत दुखी हैं, पर साथ ही उन्हें दृढ़ निश्चय है कि शीघ्र ही इन घटनाओं को बंद किया जाएगा ताकि देश आगे बढ़ सके। किन्तु वे चाहती हैं कि सारी जनता का और विशेष कर मीडिया कलाकार और बुद्धिजीवियों का सहयोग इस अभियान में उन्हें प्राप्त हो।''

इस बातचीत से जाहिर था कि पंजाब की क्या दशा हो गई थी। अकालियों का व्यवहार, आतंकवादियों के कारनामे और आम आदमी की पीड़ा से सारा पंजाब कराह उठा था और कोई हल नज़र नहीं आ रहा था।

जैसा कि स्पष्ट था, इंदिरा गांधी ने समझौता वार्ता में कई बार भाग लेना चाहा, पर लगता था कि अकालियों की समझौते में दिलचस्पी नहीं थी, जितनी कि विरोध के लिए विरोध करने में। इससे पंजाब जल रहा था, आतंकवादी गतिविधियाँ बढ़ती जा रही थीं और देश-विरोधी तत्त्व सक्रिय हो रहे थे।

प्रधानमंत्री निःसंदेह चिंतित थीं। विरोधी पक्ष के नेता बराबर माँग कर रहे थे कि पंजाब की निरन्तर बिगड़ रही स्थिति को नियंत्रित किया जाए और आतंकवादियों के खिलाफ कार्यवाही की जाए।

इंदिरा गांधी ने बातचीत द्वारा समस्या के निपटारे का बहुत प्रयास कर लिया

था और उन्हें समझ में नहीं आ रहा था कि अब क्या किया जाए, जिससे स्थितियाँ सामान्य हो जाएँ।

सबसे बड़ी चिन्ता तो यह थी कि अकाली दल के बड़े-बड़े नेता चुप्पी साध गए थे और आतंकवाद को समाप्त करने के बारे में ज़रा भी सहयोग देने को तैयार नहीं थे। स्वर्ण मंदिर का परिसर सैन्य प्रशिक्षण का केन्द्र बन गया था और अन्दर बड़े-बड़े कमरों में असला जमा हो रहा था। जब भी आतंकवादियों को रुपयों की जरूरत होती, वे बैंक पर धावा बोल देते और मनचाहा धन लूटकर ले जाते। कोई उनके खिलाफ बोलता तो उसे खुलेआम दिन-दहाड़े गोली से उड़ा दिया जाता। आतंकवादियों के शिकार आम आदमी भी थे तो पत्रकार व विरोधी नेता भी।

इसमें दो राय नहीं थी कि पंजाब में अगर कोई कारगर कदम नहीं उठाया जाता तो वहाँ व्यापक पैमाने पर खून-खराबा हो जाता। जब अकाली दल ने स्वर्ण मंदिर परिसर से विद्रोहियों को हटाने की कोई कार्यवाही नहीं की तो केन्द्र सरकार को मजबूर होकर कठोर कदम उठाना पड़ा यानी सेना को अमृतसर कूच करने का आदेश मिला।

• • • •

आतंकवादियों पर सैनिक कार्यवाही

13

स्वर्ण मंदिर परिसर से आतंकवादियों को निकालने के लिए सैनिक कार्यवाही की शुरुआत के पहले इंदिरा गांधी ने बेहद करुणा से यह स्वीकार किया था कि कुछ निर्णय मजबूरी में लेने पड़ते हैं, परंतु व्यापक हित के लिए उन्हें लेना जरूरी होता है।

इंदिरा गांधी यह खूब जानती थीं कि स्वर्ण मंदिर परिसर में सेना भेजी तो उन्हें बहुत बड़े तबके का कोपभाजन बनना पड़ेगा, उनकी कटु आलोचनाएँ भी सुननी पड़ेंगी और क्या ठिकाना उनके वोटों से भी वंचित होना पड़े। फिर भी उन्होंने यह कदम उठाया। उन्हें यह सच्चाई भी इससे न डिगा सकी कि इस कार्यवाही से कुछ लोगों की धार्मिक भावनाओं को ठेस पहुँच सकती है और कुछ निहित स्वार्थ वाले इस स्थिति का फायदा उठा सकते हैं।

उनके सामने दो स्थितियाँ थीं—या तो यथास्थिति बनाए रखी जाए या निस्संकोच उचित कार्यवाही की जाए।

यह ठीक था कि सारे पंजाब में आतंकवादियों की गतिविधियों का बोलबाला था। प्रशासन बिलकुल ठप्प पड़ गया था। कानून और व्यवस्था बिगड़ गई थी। विद्यार्थियों की पढ़ाई का नुकसान हो रहा था। व्यापारिक संस्थान बंद पड़े थे और वार्षिक दुरावस्था पराकाष्ठा पर थी। दफ्तरों और फैक्टरियों मे उपस्थिति कम हो गई थी और काम कुछ होता नहीं था। ट्रांसपोर्ट का बुरा हाल था। शाम को बसें चलनी बंद हो जाती थीं। शहरों तक में घर से महिलाएँ निकलकर सड़क पर नहीं आ पाती थीं—विशेषकर अँधेरा होने पर और यह सब था आतंकवादियों के कारण।

भला कोई भी ज़िम्मेदार सरकार इस तरह की स्थिति कब तक बर्दाश्त कर सकती थी। इंदिरा गांधी ने बहुत मौके दिए थे अकाली दल को और आतंकवादियों को भी। पर उनके रवैये में कोई अन्तर नहीं आया था।

आतंकवादी स्वर्ण मंदिर में इसलिए छिपकर रहते थे कि उन्हें विश्वास था कि

वहाँ उनके विरोध मे कोई कार्यवाही नहीं हो सकती। न तो पुलिस घुसकर उन्हें पकड़ सकती है और न सेना के जवान। भला उनका स्वर्ण मंदिर में घुसना कौन बर्दाश्त करेगा। वे आएँगे तो स्वर्ण मंदिर की पवित्रता नष्ट होगी, जो किसी के लिए सहनीय नहीं रहेगी।

उनका यह विचार सरासर गलत था। दरअसल, स्वर्ण मंदिर की पवित्रता तो उनकी उपस्थिति से पहले ही नष्ट हो चुकी थी। अब स्वर्ण मंदिर में पहले वाली रौनक भी नहीं होती थी। आए दिन उसके अहाते में एक न एक हत्या हो ही जाती थी। जो असले जमा किए गए थे, जो गैर-कानूनी कार्यवाही हो रही थी। उससे स्वर्ण मंदिर की भव्यता, सौम्यता, गंभीरता और पवित्रता—सब विनष्ट हो गए थे और यह भी इंदिरा गांधी के लिए कम कष्टकर न था।

अब इंदिरा गांधी के लिए एक ही चारा रह गया था, जो उनकी ज़िंदगी में उठाया गया पहला कष्टप्रद फैसला था।

उन्होंने जून के प्रथम सप्ताह में फौज को स्वर्ण मंदिर में जाकर आतंकवादियों से निबटने का आदेश दे दिया।

फौज को यह आदेश दे दिए गए थे कि आतंकवादियों से निबटने के दौरान वह इस बात का पूरा-पूरा ध्यान रखे कि स्वर्ण मंदिर की मुख्य इमारत की ओर एक भी गोली न चलाई जाए।

फौज ने सरकार के आदेश का अक्षरश: पालन किया।

स्वर्ण मंदिर में जाकर फौज को बहुत बड़े हथियारबंद विरोध का सामना करना पड़ा, जिसकी फौज को उम्मीद नहीं थी।

आतंकवादियों ने स्वर्ण मंदिर को किले का रूप दे दिया था और उन्होंने डटकर फौज का सामना किया।

फौज खून नहीं बहाना चाहती था। उसने पहले आतंकवादियों को आत्मसमर्पण का सुझाव दिया, जब आतंकवादियों ने इसका उत्साहवर्द्धक जवाब नहीं दिया तो फौज ने उन पर हमला कर दिया।

आतंकवादियों को कब्जे में करना फौज के लिए बहुत सरल नहीं था। आतंकवादी स्वर्ण मंदिर में ऐसी जगह मोर्चा बनाकर बैठ थे, जहाँ से फौजियों की गतिविधियाँ स्पष्ट नज़र आ रही थीं। ज्यादातर गोलियों की बौछार स्वर्ण मंदिर की मुख्य इमारत से आ रही थी; जिस ओर सरकार ने फौज को एक भी गोली न चलाने का सख्त आदेश दिया था।

फौज को आतंकवादियों को कब्जे में करने के लिए करना यह पड़ा कि गोलियों की बौछार में से होकर स्वर्ण मंदिर के परिसर में घुसना पड़ा। इसमें उसके

कई सैनिक शहीद हुए, पर अन्दर आकर फौज मोर्चा कायम करने में सफल रही। यह उनकी कर्तव्यपरायणता की अनूठी मिसाल थी कि जब मुख्य इमारत से गोलियों की बौछार फौज पर पड़ रही थी, तब एक भी जवान ने उस तरफ गोली नहीं चलायी।

इस सैनिक कार्यवाही के आगे अन्ततः आतंकवादियों को रुकना ही पड़ा। उनका नेता भिंडरावाले व अमरीक सिंह सैनिक कार्यवाही के दौरान मारे गए और स्वर्ण मंदिर आतंकवादियों से साफ हो गया।

फौज को स्वर्ण मंदिर से विपुल हथियार मिले—देशी भी विदेशी भी। कुछ चीन और पाकिस्तान के बने हुए। हथियारों के अलावा विदेशी करेंसी और आपत्तिजनक दस्तावेज भी मिले। काफी रुपया-पैसा, सोना आदि भी मिला। एक कमरे में तो हथियार बनाने की छोटी-सी फैक्टरी भी मिली थी।

स्वर्ण मंदिर पर सैन्य कार्यवाही की बड़ी तीखी प्रतिक्रिया हुई। विशेषकर सिखों ने खुद को प्रताड़ित महसूस किया। खासकर पार्टी से संबद्ध लोग इंदिरा गांधी से नाराज़ भी थे। मगर स्वर्ण मंदिर आतंकवादियों से मुक्त हो चुका था जो राष्ट्र के लिए सर्वथा हितकर था।

स्वर्ण मंदिर में जो कुछ हुआ, उसके बारे में अनेक लोगों ने बहुत-कुछ कहा है। यहाँ प्रस्तुत है जगजीतसिंह अरोड़ा के विचार। जगजीतसिंह अरोड़ा को कौन नहीं जानता। उन्हीं के नेतृत्व में फौज ने बांग्लादेश में विजयश्री हासिल की थी और पश्चिमी पाकिस्तान की फौज को आत्मसमर्पण करने पर मजबूर होना पड़ा था। उनके विचार—

"सेना को जो काम सौंपा गया था उसने उसे अपनी सैनिक मर्यादाओं और परम्पराओं का निर्वाह करते हुए बखूबी निभाया। लेकिन जो मजा दुश्मनों के खिलाफ जीत में आता है वह अपनों पर गोली चलाने में नहीं आता। यहाँ तो मज़बूरी होती है। बावजूद इसके फौज ने जिस सब्र का परिचय दिया उस पर किसी को भी नाज़ हो सकता है।

इसके बावजूद स्वर्ण मंदिर में फौज के प्रवेश से सिखों की भावनाओं को ठेस पहुँची है। बेहतर तो यह होता कि जिस प्रकार मोगा का गुरुद्वारा अर्ध-सैनिकों ने दबाव डालकर आतंकवादियों से खाली करवाया था, वैसे ही स्वर्ण मंदिर भी खाली करवाया जाता। यह लम्बा और थकाऊ उपक्रम जरूर था। लेकिन इससे आम सिख अपने आपको 'अपमानित' महसूस नहीं करता।

ऐसी स्थिति के लिए सरकार दोषी है। संत जरनैल सिंह भिंडरावाले 'कांग्रेस की पौध' थे, जिसका इस्तेमाल उसने 1980 के चुनाव में किया। दरअसल, केन्द्रीय

सरकार ने हमेशा संत भिंडरावाले के कंधे पर हाथ रखा। यदि यह हाथ संत लोंगोवाल को पीठ पर रखा जाता तो स्थिति यह रूप नहीं लेती। प्रधानमंत्री श्रीमती इंदिरा गांधी ने बी.बी.सी. के संवाददाता से भेंटवार्ता में इस आरोप को निराधार और बेबुनियाद बताया है। आम सिख शांतिमय और मेहनती है। उसके पास बेकार के मोर्चों के लिए वक्त कहाँ है। सरकार को क्या जरूरत भी कि लाला जगतनारायण के कत्ल के आरोप में गिरफ्तार संत भिंडरावाले को हवालात में रखने के बजाय विश्रामगृह में रखती। फिर यह कहकर संत भिंडरावाले को बरी कर दिया कि उसके खिलाफ प्रमाण नहीं जुटे। यदि यही सब कुछ करना था तो उसे गिरफ्तार करने की क्या जरूरत थी? उसके बाद भी भिंडरावाले हथियार से लैस मुम्बई और दिल्ली घूमते रहे, लेकिन उन पर न तो नज़र रखी गई और न ही गिरफ्तार किया गया। जब उसने स्वर्ण मंदिर परिसर में अपना ठौर बनाया तो हो-हल्ला शुरू हुआ।

मेरा तो मानना है कि सरकार की थोड़ी समझ और लचीली नीति सिखों को हमेशा के लिए जीत सकती थी। दोनों की 'अड़ियल नीति' ने आम सिखों को कहीं मुँह दिखाने लायक नहीं छोड़ा। हथियारबन्द लोग स्वर्ण मंदिर में खुलेआम विचरण करें। इसका मैंने कभी समर्थन नहीं किया। मैंने तो स्वर्ण मंदिर में एक संगत में कहा था कि अगर आप लोगों में अपने अस्त्रों का इस तरह से प्रदर्शन किया तो लोगों की श्रद्धा सिख धर्म से जाती रहेगी, जो बहुत बलिदान के बाद अस्तित्व में आया है। मैंने भिंडरावाले की हिंसक गतिविधियों की खुलेआम आलोचना की थी लेकिन उस समय जरूर मुझे तकलीफ हुई जब एक बार आकाशवाणी से वार्ता प्रसारित करते समय मुझे साफ तौर पर यह हिदायत दी गई कि आप आतंकवाद और आतंकवादी शब्दों का इस्तेमाल तो करें, कहीं भी संत भिंडरावाले के नाम का उल्लेख नहीं होना चाहिए।

राष्ट्रपति की अपील तथा सिख ग्रन्थियों की अपीलों से स्थिति सुधरेगी लेकिन उसमें देर लगेगी। जो अपील राष्ट्रपति ने राष्ट्र के नाम घटना के दस दिनों बाद की है अगर यह पहले की होती तो उसका असर पड़ता। प्रधानमंत्री को भी रेडियो और टी.वी. पर आना चाहिए था, क्योंकि नागरिक प्रशासन को फौज का सहयोग देने का ऐलान उन्होंने ही किया था। अकालियों और जत्थेदारों का दोष भी कम नहीं था। यह तो ठीक है कि जब अवैध तरीके से स्वर्ण मंदिर में हथियार पहुँच रहे थे तब सरकार को अधिक चौकस रहना चाहिए था, लेकिन गुरुद्वारा प्रबन्धक कमेटी और अकाली नेता क्या करते रहे? उन्होंने धर्मस्थल को छावनी क्यों बनने दिया? दूसरी बात यह है कि अकाल तख्त में भिंडरावाले को निवास की अनुमति क्यों दी गई? अकाल तख्त भी हरमिंदर साहब की तरह आध्यात्मिक तौर पर पवित्र स्थल है। वहाँ पर कभी किसी ने निवास नहीं किया; महाराजा रणजीतसिंह ने भी

नहीं। न जाने किस दबाव में आकर टोहरा साहब ने सन्त भिंडरावाले और उनके समर्थकों को वहाँ रहने की अनुमति दे दी। एक बार अधिकार जमा लेने के बाद संत भिंडरावाले को अकाली नेता निकाल नहीं सके। जब आतंकवादियों को झुकाने में फौज को इतनी मेहनत करनी पड़ी और जवान तथा अफसरों की बलि देनी पड़ी तब भला संत लोंगोवाल या अन्य अकाली नेता उसे कैसे बेदखल कर सकते थे।

जहाँ तक सेना से सिख भगोड़ों का प्रश्न है; यह एक तात्कालिक प्रतिक्रिया थी, कोई नियोजित साजिश नहीं। यदि षड्यन्त्र होता तो वे लोग अस्त्रों के साथ बावर्दी भागते। लेकिन वे लोग रास्ते में ही पकड़ लिए गए। यह अच्छा ही हुआ। इससे सेना में किसी तरह की अनुशासनहीनता आने का खतरा नहीं। हमारी सेना की परम्पराएँ रही हैं। यहाँ सिखों पर कुछ समय के लिए शक हो सकता है। उन्हें एक बार फिर सेना और सरकार की विश्वसनीयता प्राप्त करनी होगी।

इस समय सिखों को जरूरत है; धर्म और राजनीति को अलग-अलग करने की। दसअसल धर्म और राजनीति के एक साथ रहने से सब कुछ गड़बड़ हो जाता है। राजनीति में लचीलापन होता है जबकि धर्म जड़ होता है। इसलिए यह मौका सिखों के लिए अच्छा है कि वे जत्थेदारों से मुक्ति पा लें और पढ़े-लिखे समझदार लोगों को अपने भविष्य की बागडोर सौंपे। अब समय बदल गया है और वही सम्प्रदाय सफल हो सकता है जिसकी बागडोर जागरूक और दूरदर्शी लोगों के हाथ में होगी। स्वर्ण मंदिर के पुनर्निर्माण का दायित्व सरकार को स्वयं नहीं सम्भालना चाहिए, बल्कि कार सेवा की जानी चाहिए। यह संतोष की बात है, बाबा हरबंस सिंह ने स्वयं स्वर्ण मंदिर देखा है और वे कार सेवा का काम संभालने के लिए तैयार दिखते हैं। इसमें न केवल बड़ी संख्या में कार्यकर्ताओं की जरूरत होगी। हिन्दू-सिख एकता बनाए रखने के लिए जरूरी है कि दोनों सम्प्रदाय एक संयुक्त निधि की स्थापना करें, ताकि पीड़ित परिवारों की सहायता की जा सके। सैनिकों की सहायता तो सरकार कर ही रही है, लेकिन उनके अलावा जो लोग मारे गए हैं उनके परिवारों की भी सहायता की जानी चाहिए।

यह तर्क गलत है कि वर्तमान कार्यवाही से तथाकथित खालिस्तान की नींव पड़ेगी। हमें ऐसा सोचना ही नहीं चाहिए। वह ख्याल भी मन में लाना खतरनाक है। खालिस्तान एक ऐसा कैंसर है जो कि सारे सिख समुदाय को खा जाएगा। इसलिए हर सिख को इस नाम को भी जबान पर नहीं लाना चाहिए।''

जगजीतसिंह अरोड़ा के इन विचारों से जाहिर होता है कि जो कुछ हुआ, दुखद हुआ, ऐसा नहीं होना चाहिए था। पर उसके अलावा चूँकि और कोई चारा ही नहीं रह गया था, इसलिए सरकार को वह कदम उठाने पर मजबूर होना पड़ा।

सरकार की इस कार्यवाही से सिख भाइयों के मर्मस्थल पर गहरी चोट पहुँची थी। सबका खयाल यही था कि स्वर्ण मन्दिर जैसे धार्मिक स्थल पर फौज भेजना निहायत ही अफसोस जनक रहा और इससे सिखों की धार्मिक भावनाओं को ठेस तो लगी ही थी, साथ ही वे थोड़ा खुद को अपमानित भी महसूस कर रहे थे। उनका विचार था, सरकार की इस फौजी कार्यवाही से धार्मिक स्थल की पवित्रता नष्ट हुई थी।

जबकि सरकार का यह ख्याल था कि इस कार्यवाही से स्वर्ण मंदिर की पवित्रता नष्ट नहीं हुई, बल्कि दुबारा बहाल की गई थी। आतंकवादियों की कार्यवाहियों और उनकी स्वर्ण मंदिर में मौजूदगी से धार्मिक-स्थल की पवित्रता तो पहले ही नष्ट हो गई थी, जिसे फौजी कार्यवाही से पुन: सामान्य स्तर पर लाने की कोशिश की गई। हाँ, पहले की सरकार ने भी माना कि फौज को स्वर्ण मंदिर में भेजना बड़ा कष्टकारक फैसला जरूर था और वहाँ हुई कार्यवाहियाँ खेदजनक थीं।

स्वयं इंदिरा गांधी इस स्थिति से चिंताकुल थीं। उन्होंने सिख भावनाओं को संयत करने की लगातार कोशिश भी की थी।

फौजी कार्यवाही से वहाँ जान-माल को काफी नुकसान पहुँचा था। फौज और आतंकवादी दोनों इस एक्शन में भारी संख्या में मारे गए थे। सिख आतंकवादियों ने डटकर फौज का मुकाबला किया था। सारे स्वर्ण मंदिर को उन्होंने अभेद्य किले के रूप में परिवर्तित कर दिया था। उन्होंने स्वर्ण मंदिर की मुख्य इमारत से अधिक गोलाबारी की थी, ताकि फौज को अन्दर प्रवेश करने से रोका जा सके। आतंकवादी जानते थे कि धार्मिक कारणों से फौज मुख्य मंदिर की ओर संगीनें नहीं तानेगी और न ही उस क्षेत्र पर हमला करेगी। यह ठीक भी था। सचमुच फौज ने उस तरफ एक भी गोली नहीं चलाई थी और चुपचाप खुद को आतंकवादियों की गोली का शिकार होने दिया था। इसमें फौज के अनेक सैनिक हताहत हुए थे।

इस कार्यवाही से मुख्य मंदिर की इमारत को छोड़कर अन्य अनेक इमारतों को नुकसान हुआ था। दोनों ओर से जमकर गोलाबारी हुई थी।

बहरहाल, स्वर्ण मंदिर से आतंकवादियों को जड़ से उखाड़कर पवित्र स्थल को मुक्त कर दिया गया था। वहाँ से जो नाजायज हथियार तथा अन्य उत्तेजक सामग्री बरामद हुई थी उससे साफ जाहिर था कि उनका इरादा नेक नहीं था और कोई खतरनाक साजिश की बड़े पैमाने पर तैयारी की जा रही थी। आतंकवदियों का बाहरी शत्रु-तत्त्वों से भी सम्बन्ध था, यह भी साबित हो रहा था।

फौज को इस कार्यवाही के तत्काल बाद ही स्वर्ण मंदिर से नहीं हटाया गया। शांति बनाए रखने के लिए फौज को वहीं तैनात रखा गया, जबकि मुख्य ग्रन्थियों व स्वर्ण मंदिर के अन्य अकाली अधिकारियों की माँग थी कि स्वर्ण मंदिर से फौज

को तत्काल हटा दिया जाए। यह फिलहाल सम्भव इसलिए भी नहीं था कि स्वर्ण मंदिर के परिसर से निरन्तर अवैध सामग्री बरामद की जा रही थी और शंका यह थी कि फौज के हटने से बचे-खुचे आतंकवादी पुनः वहाँ जमा हो सकते थे, जो भारी आहुतियाँ देकर वहाँ शान्ति बहाल की गई थी, वो नष्ट हो सकती थी।

बचे-खुचे आतंकवादियों की तलाश में फौज सारे पंजाब में फैल गई थी। शहरों, गाँवों व बड़े-बड़े गुरुद्वारों में जमा आतंकवादियों की पकड़ शुरू हो गई। कई जगह तो स्वयं शांतिप्रिय नागरिकों ने फौज को आतंकवादियों की मौजूदगी की सूचना दी और गुरुद्वारों व अन्य स्थानों से प्राप्त गैर-कानूनी हथियार जमा कर फौज को सौंपे।

इस सबके बावजूद सरकार का प्रयास जारी था कि सिखों के दिलों पर जो ठेस लगी है, उसे सहलाया जाए, उनके दर्द को दूर किया जाए।

इस सम्बन्ध में इंदिरा गांधी ने तो बयान जारी किया ही राष्ट्रपति ने जो अपील की थी, वो तो बड़ी धर्मिक थी।

राष्ट्रपति ने कहा था-

"भारत का इतिहास है कि यहाँ सभी जातियों, धर्मों व सम्प्रदायों के लोग मिल-जुलकर रहते रहे हैं, पर इन दिनों गलतफहमियों के लोग शिकार हो गए। सम्प्रदायों के प्रेमभाव में दरार ज्यादातर गलतफहमियों की वजह से पड़ती है। वास्तव में यह दरार गलत विचारधारा फैलाने वालों के कारण पड़ती है। लोग सद्‌भाव, भाई चारे व सौहार्द का वातावरण कायम करें ताकि लोग आपसी गलतफहमियाँ दूर कर सकें, घृणा के स्थान पर प्रेम का वातावरण बनाएँ ताकि गलतफहमी के शिकार लोगों का विश्वास जीतें। वास्तविकता यह है कि सभी सम्प्रदाय एक ही परिवार के सदस्य हैं। सभी सम्प्रदाय एक ही धारा की विभिन्न शाखाएँ हैं। देश-भक्ति, राष्ट्रीयता व धर्मनिरपेक्षता को कायम रखने की ज़िम्मेदारी पूरे देश की है।

देशवासियों ! सिख और हिंदुओं का खून साँझा, इनकी आबोहवा साँझी, इनका रहना साँझा, इनकी रिश्तेदारी साँझी, इनका रोना भी साँझा और हँसना भी साँझा था। पर एक ऐसा समय आ गया जब रोना किसी ओर का था और हँसना किसी और का। ऐसा कभी नहीं था, मैं चाहता हूँ कि दुबारा इस चीज को बहाल किया जाए कि हमारा हँसना-रोना साँझा हो।

इस भारत माता की गोद में हमारे सारे मजहब पले हैं, पवित्र स्थान हैं, हमारे देश के ऋषि और मुनि हैं, हमारे सूरमा बहादुर हैं, सारे वैज्ञानिक और डॉक्टर हैं, नौकरीपेशा हैं और बहुत बड़े-बड़े प्रबन्धक और सेवक हैं, किसान और मजदूर

हैं। इन सब तबकों का दुख अपने दिल में लेना हमारा फर्ज बनता है। मैं सबसे विनती करना चाहता हूँ कि आज हम एकता की तरफ चलें। सुलह की बातें करें, सुलह की बातें ही नहीं, बल्कि सद्‌भावना समितियाँ बना कर हम वातावरण को ठीक करें और हमारे में फिर से एकता आए। जो भी किसी से गलतियाँ हुई हैं, उन गलतियों की माफी माँगना कोई पाप नहीं है। हम सभी इस देश के वासी, मातृभूमि के बेटे-बेटियाँ हैं। हमारा फर्ज बनता है कि हमारी माता को कष्ट न हो।

मेरे प्यारे देशवासियों ! हमारे देश के महान सद्‌गुरु सच्चे पातशातहजी ने हमें ये उपदेश दिया है कि कोई किसी भी धर्म को मानता हो, कोई भी उसका अकीदा हो, इबादत करने का कोई भी ढंग हो, पर सब इंसानों की जान को एक समझो।"

राष्ट्रपति ज्ञानी जैलसिंह की यह अपील मार्मिक थी और दिल की गहराइयों से निकली हुई थी। सारे राष्ट्र ने उनकी अपील को ध्यान से सुना। यह जरूरी समझा गया कि जो कुछ होगा, उसे भूलकर जरूरी है कि फिर से भाईचारे और सद्‌भावना की स्थापना की जाए।

सबसे पहले जरूरी तो यह था कि सैन्य गतिविधियों से मंदिर में जो तोड़-फोड़ हुई थी, उसकी पुनः मरम्मत की जाए। फिलहाल दर्शनार्थियों का स्वर्ण मंदिर में आना बन्द था। सरकार स्वर्ण मंदिर को पहले जैसी दशा में लाकर उसे फिर से दर्शनार्थियों के लिए खोल देना चाहती थी।

स्वर्ण मंदिर की मरम्मत धार्मिक रीति-रिवाजों से ही संभव थी। सिख गुरुद्वारों में जब भी मरम्मत अथवा तामीर होती है तो वह कार सेवा द्वारा ही। यानी सभी इच्छुक व्यक्ति, चाहे वे किसी भी धर्म अथवा जाति के क्यों न हों, खुद आकर श्रद्धापूर्वक धार्मिक स्थल की तामीर करते हैं। सारी कार्यवाही सेवा के तौर पर की जाती है और जो खर्च होता है, वो चन्दे से ही प्राप्त किया जाता है। सरकार चाहती थी कि स्वर्ण मंदिर में जल्दी-से-जल्दी कार सेवा प्रारम्भ हो और पूजा-स्थल की अपनी पुरानी गरिमा पुनः प्रतिष्ठित हो। इसके लिए मुख्य ग्रन्थियों से अपील की गई कि वे कार सेवा के शुभारम्भ के लिए प्रयास करें।

मगर ऐसा सम्भव नहीं हुआ। स्वर्ण मन्दिर के अकाली अधिकारियों व मुख्य ग्रन्थियों का 'कार सेवा' के प्रति कोई उत्साह नहीं था। वे स्वर्ण मंदिर को उसी हालत में बनाए रखना चाहते थे। इससे स्थिति अधिक बिगड़ने की सम्भावना थी। सरकार ने कई बड़े-बड़े सिख नेताओं व सन्तों से कार सेवा प्रारम्भ करने का अनुरोध किया, लेकिन इसके लिए कई कारणों से कोई तैयार न हो सका। कुछ लोग तैयार भी थे और कार सेवा प्रारम्भ करना भी चाहते थे, लेकिन मुख्य ग्रन्थियों के कोप का भाजन कोई नहीं बनना चाहता था।

ऐसी हालत में कार सेवा के लिए तैयार हुए बुड्ढा दल के निहंग संत बाबा संतासिंह। निहंगों ने हमेशा गुरुद्वारों और आराधना-स्थलों की कार सेवा में भाग लिया था—यह ऐतिहासिक सत्य है। सो अपनी परम्परा का निर्वाह करते हुए उन्होंने स्वर्ण मंदिर की कार सेवा शुरू करने की ठान ली। इसका मुख्य ग्रंथियों व अकाली दल के नेताओं ने डटकर विरोध किया, पर बाबा संतासिंह और उनके अनुयायियों को इस पवित्र कर्म से कोई भी निरस्त नहीं कर सका।

बाबा संतासिंह ने परम्परा के अनुसार अपने अनुयायियों के साथ कार सेवा आरम्भ कर दी तो लाखों अन्य हिन्दुओं-सिखों ने भी इसमें खुलकर भाग लिया। इस प्रकार सुचारु रूप से स्वर्ण मंदिर की मरम्मत का काम चालू हो गया।

• • • •

14

प्रतिक्रियाएँ

स्वर्ण मंदिर की घटनाओं की व्यापक प्रतिक्रिया हुई थी। अफवाहों का बाज़ार भी गर्म था। आम सिखों के मन में तो आशंकाएँ थीं ही, सेना में जो सिख सैनिक थे, उनको भी भड़काया गया। सेना के सिख सैनिकों का विद्रोह सख्ती से दबा दिया गया।

यह मान लेना बिल्कुल गलत होगा कि संपूर्ण सिख सम्प्रदाय इन कार्यवाहियों से भड़क उठा था। सच तो यह था कि सभी सही दिशा में सोचने वालों का यह विचार था कि इन कड़ी कार्यवाहियों को कार्यान्वित करके सरकार ने उचित कदम उठाया था, वरना सम्पूर्ण पंजाब में फैली अराजकता अधिक फैल जाती और उसका असर सारे भारत पर अच्छा नहीं पड़ता। जो फौजी कार्यवाही स्वर्ण मंदिर में हुई थी, उसमें अनेक सिख सैनिकों ने भी भाग लिया था। स्वर्ण मंदिर में जो कार्यवाही हुई थी, इससे सबको दुख हुआ था, खुद सेना भी इस कार्यवाही से थोड़ा हिचकिचाई थी, लेकिन राष्ट्र के व्यापक हित को देखते हुए उन्होंने धार्मिक-स्थल में भरे दिल से प्रवेश किया। उस समय उनके होंठों पर पूजा के स्वर थे। यह तो सिखों का एक छोटा-सा ही तबका था, जो राजनीतिक विरोध प्रकट कर रहा था।

श्वेत-पत्र

पंजाब में सैन्य कार्यवाही पर सरकार ने बाकायदा एक श्वेत पत्र जारी किया था, जिसमें अनेक शंकाओं का समाधान हुआ और समाज में फैली अफवाहों का निराकरण हुआ।

श्वेत-पत्र में सरकार ने ब्योरेवार घटनाओं का जो उल्लेख किया था, उससे स्थितियाँ पूरी तरह स्पष्ट हो गयीं।

सरकार का, जैसा कि श्वेत-पत्र से जाहिर था, यह विचार नहीं था कि फौजी कार्यवाही से सिखों की धार्मिक भावनाओं को ठेस पहुँचायी जाए, लेकिन जो ठेस पहुँची थी, उससे सरकार खुद उलझन में थी। सरकार की हैरानी यह थी कि यह

कोई नहीं सोच रहा था कि आतंकवादियों ने जो स्वर्ण मन्दिर के परिसर में शरण ली थी उससे मन्दिर की पवित्रता को आघात पहुँचा। पंजाब में आतंकवादियों ने कत्ल और लूट का जो बाज़ार गर्म कर रखा था, आखिर उसे दमित करने का क्या तरीका था। निस्संदेह अगर अकाली दल और मुख्य ग्रंथियों ने शुरू में सहयोग का रुख़ अपनाया होता और आतंकवादियों के खिलाफ कार्यवाही की होती तो संभवत: सरकार को इतना कठोर कदम उठाने की जरूरत ही महसूस नहीं हुई होती।

संत भिंडरावाले स्वर्ण मंदिर से हर रोज भड़काने वाले बयान जारी कर रहे थे और जिन अकाली अधिकारियों व सन्तों के जिम्मे स्वर्ण मन्दिर की रक्षा का भार था, वे चुप थे। सच तो यह था कि सारा अकाली दल दिशाहीन हो चुका था और आतंकवादियों के सम्मुख नत-शिर। ऐसी स्थिति में फौजी कार्यवाही को ही एकमात्र उपचार का माध्यम महसूस किया गया।

सरकार ने अंतत: 10 जुलाई को श्वेत-पत्र जारी कर दिया। इससे पंजाब के आन्दोलनों का क्रमवार ब्यौरा दिया गया था। सरकार ने मुठभेड़ का नहीं, बचाव का रास्ता अपनाया था। कहा गया था कि आतंकवादियों को विभिन्न प्रकार का सक्रिय सहयोग कुछ विदेशी सूत्रों और स्रोतों से मिल रहा था। इसकी सरकार को निश्चित जानकारी होते हुए भी सार्वजनिक हितों को ध्यान में रखते हुए विदेशी-देशी संस्थानों, इकाइयों के नाम नहीं बताए गए थे। श्वेत-पत्र जारी होने से पहले आतंकवादियों को विदेशी सहयोग प्राप्त होने के बारे में सरकारी और गैर-सरकारी तौर पर कई बयान दिए जाते रहे थे। श्वेत-पत्र में उनके नामों का दर्ज न होना कई तरह के कयासों और अनुमानों को जन्म दे सकता था।

इस खामी के बावजूद श्वेत-पत्र एक महत्वपूर्ण दस्तावेज था। 165 पन्नों के उस श्वेत-पत्र में पंजाब आन्दोलन की विस्तृत बयौरेवार, दस्तावेजों सहित जानकारी दी गई थी—किस प्रकार अकाली दल का आन्दोलन, साम्प्रदायिकता की रंगत अख्तियार करता गया और किस प्रकार से उस पर पृथकतावादी शक्तियाँ और उग्रवादी हावी होते चले गए, किस प्रकार उस आन्दोलन में अपराधियों, तस्करों, समाज-विरोधी तत्त्वों और नक्सलियों की घुसपैठ से उसने देश-विरोधी रूप ले लिया।

श्वेत-पत्र में कहा गया था कि शिरोमणि अकाली दल ने सितम्बर 1981 में आन्दोलन तो शुरू किया लेकिन उसके सूत्र उसके हाथ से निकलते चले गए। श्वेत-पत्र में किसी विदेशी सरकार के सहयोग की सीधे तौर पर बात नहीं कही गई थी। लेकिन अमेरिका, ब्रिटेन, कनाडा, पश्चिम जर्मनी, हालैण्ड आदि देशों में दल खालसा, बब्बर खालसा, अखण्ड कीर्तनी जत्था, खालिस्तान जैसे संगठनों द्वारा भारत-विरोधी गतिविधियों के बारे में विस्तृत जानकारी दी गई थी। सरकार द्वारा

विरोध-पत्र के बावजूद खालिस्तान के स्वयं भू नेता डॉ. जगजीत सिंह चौहान, जो कई अमेरिकी सांसदों के सहयोग का दावा करते थे, की गतिविधियों पर रोक नहीं लगाई गई। डॉ. चौहान को अमेरिका, कनाडा जैसे देशों में प्रवेश की अनुमति दी गई। जहाँ दल खालसा ने खुले तौर पर पाकिस्तान को अपना सामाजिक मित्र करार दिया, वहीं डॉ. चौहान का दावा था कि सिखों के वेश में पाकिस्तानी सैनिक गुरु रामदास सराय में तैनात थे जो सन्त भिंडरावाले के नियंत्रण में थे।

श्वेत-पत्र में पाँच अध्याय थे, जिनमें अकाली माँगों, आतंक और हिंसा, सैनिक कार्यवाही और आतंकवादियों की गतिविधियों से उत्पन्न मुद्दों पर चर्चा की गई थी। इसमें कई अनुसूचियाँ थीं तथा स्वर्ण मन्दिर की किलेबन्दी सम्बन्धी चित्र भी दिए गए थे। नागरिक प्रशासन की सहायता के लिए सेना बुलाने से पूर्व सरकार ने अकाली नेतृत्व से वार्ता के जरिए समस्या का समाधान ढूँढ़ना चाहा था, लेकिन उस तरफ स्थिति पहले से अधिक जटिल थी। स्वर्ण मन्दिर तथा अन्य स्थानों से आतंकवादियों को निकालने के लिए सेना की सहायता लेना इसलिए जरूरी हो गया था क्योंकि देश की सुरक्षा, एकता और अखण्डता को खतरा पैदा हो गया था और उनसे निबटना सामान्य कानून और व्यवस्था के लिए जिम्मेदार निकायों के बूते के बाहर हो गया था।

आनन्दपुर साहब प्रस्तावों और अकालियों के विचारों और माँगों पर भी श्वेत-पत्र में मुद्देवार उल्लेख थे। अमृतसर को पवित्र नगर बनाने पर सरकार की प्रतिक्रिया थी कि किसी भी नगर को इस तरह का दर्जा देना हमारे संविधान की धर्मनिरपेक्ष प्रकृति की अवहेलना करना है। सरकार अमृतसर को हरिद्वार अथवा कुरुक्षेत्र जैसा दर्ज़ा प्रदान करने को तैयार थी जिसके अंतर्गत स्थानीय प्रशासन मांस और शराब की बिक्री पर रोक लगा सकता था। इस पर अकाली पार्टी ने कोई रुचि नहीं ली। स्वर्ण मन्दिर में शब्द कीर्तन के प्रसारण के लिए ट्रांसमीटर को राष्ट्रीय नीति के विरुद्ध बताते हुए सरकार ने आकाशवाणी से कीर्तन का समय बढ़ाकर 90 मिनट तक करने का प्रस्ताव रखा, लेकिन अकाली पार्टी तीन घण्टों के प्रसारण पर ही अड़ी रही। सरकार घरेलू उड़ानों पर सिखों को एक निश्चित आकार की कृपाण रखने की अनुमति देने को सहमत थी, लेकिन अंतर्राष्ट्रीय नियमों के कारण एयर इण्डिया में इस तरह की छूट होने में उसने अपनी असहमति व्यक्त की।

जहाँ तक अखिल भारतीय गुरुद्वारा अधिनियम का प्रश्न था, श्वेत-पत्र में कहा गया था कि सरकार को विभिन्न लोगों और राज्य सरकारों के विचारों का भी ध्यान रखना था। पंजाब के बाहर के गुरुद्वारे और उनके प्रबन्धक नहीं चाहते थे कि उन्हें शिरोमणि गुरुद्वारा प्रबन्धक कमेटी के अधीन रखा जाए। लिहाजा उस अधिनियम पर विचार नहीं किया जा सकता।

नदी जल के विवाद के सम्बन्ध में अकाली दल में जड़ और जटिल रवैया अपनाए रहा। शुरू में तो अकाली दल रावी, व्यास जल विवाद को ट्रिब्यूनल को सौंपे जाने के पक्ष में था, लेकिन बाद में उसने माँग की कि ट्रिब्यूनल को कहा जाए कि वह सन् 1955 के समझौते के आधार पर काम करे न कि दिसम्बर 1981 के समझौते के आधार पर। प्रधानमंत्री ने अकाली नेताओं को विश्वास दिलाया कि उनके हितों को अनदेखा नहीं किया जाएगा। इसके बावजूद अकाली दल का रवैया नहीं बदला, जहाँ तक इलाकाई मुद्दे का सम्बन्ध था प्रधानमंत्री ने बार-बार कहा कि चंडीगढ़ पंजाब को दिया जाएगा बशर्ते मुआवजे के तौर पर हरियाणा को हिन्दी भाषी क्षेत्र दिए जाएँ। लेकिन अकाली दल चाहता था कि चंडीगढ़ तो उसे दे दिया जाए और सभी विवादास्पद क्षेत्रों को आयोग के जिम्मे सौंप दिया जाए। इस मुद्दे पर भी गतिरोध बना रहा।

श्वेत-पत्र में कुछ बुनियादी सवाल भी उठाए गए थे, क्या यह वाजिब है कि पूजा-स्थलों का, जहाँ लाखों लोग आराधना करते हैं, सशस्त्र शस्त्रागारों के तौर पर इस्तेमाल किया जाए? क्या यह सही है कि इन स्थलों को अपराधियों और मित्रघातियों का शरणालय बना दिया जाए ? स्वर्ण मन्दिर परिसर में बड़ी मात्रा में हथियारों, संचार-साधनों के मिलने तथा अस्त्र-कारखानों के बरामद होने से आतंकवादियों के अन्तिम उद्देश्य और लक्ष्य का पता लग जाता है कि पूरे पैमाने पर तोड़-फोड़ की कार्यवाही, विद्रोह और अलगाववाद की नीति। अकाली दल और शिरोमणि गुरुद्वारा प्रबन्धक कमेटी की नाक तले पवित्र स्थल के दुरुपयोग का सामान जुटता रहा, लेकिन इसके खिलाफ उन्होंने आवाज नहीं उठाई। शिरोमणि गुरुद्वारा प्रबन्धक कमेटी-कानूनी तौर पर धार्मिक स्थलों के प्रबन्ध और रखरखाव के लिए जिम्मेदार है। अकाली पार्टी ने अपने आंदोलन को चलाने के लिए धार्मिक प्रतीकों और परंपराओं का पूरा लाभ उठाया है। इसी दौर में धार्मिक और कट्टरतावादी तत्त्व पनपे और बढ़े। श्वेत-पत्र में इस बात पर भी प्रकाश डाला गया था कि देरी से की गई सैनिक कार्यवाही सिखों के विरुद्ध न थी, यह तो आतंकवाद और विद्रोह के खिलाफ थी।

श्वेत-पत्र में इस बात पर भी प्रकाश डाला गया था कि किस प्रकार आंदोलनकारियों का रवैया आक्रामक होता गया। अप्रैल 1978 में निरंकारियों से संघर्ष और बाद में उनके आध्यात्मिक बाबा गुरुवचनसिंह की हत्या से दोनों संप्रदायों में तनाव बढ़ा। उसके बाद सांप्रदायिक हिंसा निरन्तर बढ़ी और अखिल भारतीय सिख छात्र संघ और 'खालिस्तान जिन्दाबाद' के नारे अक्सर

लगाए जाते रहे। निरंकारियों की हत्या पर आवाज बुलन्द करने वाले लाला जगत नारायण भी आतंकवादियों की गोलियों का शिकार हो गए। इसके बाद इंडियन एयर लाइंस के विमान का अपहरण करके लाहौर ले जाया जाना, पुलिस डी. आई. जी. अटवाल की हत्या, कैंपों में आतंकवाद का प्रशिक्षण आदि कुछ मिसालें हैं, जिन्होंने देश में विघटनकारी प्रवृत्तियों का प्रसार किया। किस प्रकार आतंकवादियों ने बाद में एक सम्प्रदाय के लोगों की हत्याएँ कीं, इनका भी श्वेत-पत्र में ब्यौरेवार विवरण था।

श्वेत-पत्र से सरकार ने अपनी ओर से स्थिति स्पष्ट कर दी थी, मगर अकाली नेताओं ने इन दलीलों को पूर्ण रूप से अस्वीकार कर दिया।

अन्ततः स्वर्ण मन्दिर की कार सेवा द्वारा तामीर पूरी हो गई और उसकी पुरानी गरिमा और अधिक शानोशौकत के साथ बहाल की गई। बाबा संतासिंह के अथक प्रयासों से यह महान काम संपन्न हुआ और इसकी सर्वत्र प्रशंसा हुई। इस मौके पर पंजाब में जो 'सरबत खालसा सम्मेलन' हुआ, उसमें बाबा संतासिंह का सार्वजनिक सम्मान किया गया।

स्वर्ण मन्दिर मुख्य ग्रन्थियों व मन्दिर के अधिकारियों को सौंप दिया गया।

स्थिति पहले से शान्त थी। पंजाब में आतंकवाद की गतिविधियाँ बिल्कुल शान्त हो गयी थीं। अब सिर्फ एक ही काम रह गया था, वह यह कि जिन सिख भाइयों को इस कार्यवाही से आघात पहुँचा था, उनके मर्म-स्थल को सांत्वना देना।

यह भाईचारे व सद्भावना से सम्भव था।

स्वयं इंदिरा गांधी पंजाब गयीं और स्वर्ण मन्दिर में जाकर मत्था टेका और प्रसाद ग्रहण किया। एक बहुत बड़ा काम सम्पन्न हुआ था और सारा देश राहत की साँसें ले रहा था, लेकिन उस दिन स्पष्ट देखा गया था कि इंदिरा गांधी चिंतित हैं। उनकी चिन्ता का मात्र एक ही मुद्दा था-सिखों के दिलों में जो खाई पड़ गई थी, उसे कैसे पाटा जाए।

सिखों से उनका गहरा सम्बन्ध था। पंजाब की खुशहाली और प्रगति के लिए उन्होंने बहुत-कुछ किया था। पंजाबियों की बहादुरी और राष्ट्र-प्रेम की वे कायल थीं। सारा राष्ट्र सिख-सम्प्रदाय को सम्मान की दृष्टि से देखता आया था। सभी जानते थे कि कठिनाइयों में सिखों ने हमेशा आगे बढ़कर राष्ट्र की सेवा की थी। इंदिरा गांधी चाहती थीं कि जल्द से जल्द सिखों के अन्दर आत्मविश्वास और उत्साह का संचार कर दिया जाए, जिससे वे खुद को अकेला न महसूस करें।

बड़ी हद तक वे ऐसा कर सकीं। सिखों के विशाल समुदाय का समर्थन उनके

साथ था। कुछ निहित स्वार्थी जरूर इंदिरा गांधी की कार्यवाही से भड़क उठे थे, वरना बहुमत का साथ और सहयोग उन्हें प्राप्त था।

पर जीत हमेशा निहित स्वार्थियों की होती है, क्योंकि वे छिप कर वार करते हैं। ये निहित स्वार्थी किसी भी तबके के हों, किसी भी धर्म अथवा जाति के हों, उनका मकसद सिर्फ एक होता है- संकीर्ण विचारधारा के प्रति प्रतिबद्धता।

इंदिरा गांधी ने जो कुछ किया था, वह विशाल सिख संप्रदाय की खुशहाली के लिए। छोटे-से तबके को खुश करने के लिए तुष्टि का रास्ता अपनाने के हक में वे कभी नहीं रहीं। फिर आपसी सौहार्द, भाईचारे और साम्प्रदायिक सद्भावना का भी महान लक्ष्य था, जिसे पूरा करना था। निहित स्वार्थी हिन्दू-सिखों में जो दरार डालना चाहते थे, वह इंदिरा गांधी के लिए बरदाश्त कर पाना मुश्किल था। राष्ट्रीय एकता और देश की अखंडता उनकी दृष्टि में अहम मुद्दा था और इसी की खातिर उन्होंने वह बड़ा कदम उठाया था और उसी की खातिर उन्हें अपनी जान की आहुति देनी पड़ी।

• • • •

उस दिन बुधवार को

15

वह 31 अक्टूबर 1984, बुधवार की सुबह थी।

1, सफदर जंग रोड स्थित प्रधानमंत्री आवास में आम दिनों जैसी चहल-पहल थी। बल्कि आम दिनों से कुछ खास, क्योंकि पिछले दिन ही प्रधानमंत्री उड़ीसा के दौरे से लौट आयी थीं।

वातावरण बोझिल था और सहमा भी और यह कोई नहीं जानता था कि आज जो सूरज निकला है, उसकी रोशनी मलिन क्यों है।

जल्दी ही प्रधानमंत्री आवास में से निकलने वाली थीं। उनकी सुरक्षा के लिए अंगरक्षक व अन्य सुरक्षा अधिकारी बाहर सतर्क खड़े थे। कुछ अरसे से देश में जो नाखुशगवार घटनाएँ हो रही थीं, उनकी वजह से प्रधानमंत्री की जान को खतरा पैदा हो गया था और सुरक्षात्मक सावधानियों में वृद्धि कर दी गयी थी।

सुबह प्रधानमंत्री उठीं तो हमेशा की तरह तरोताजा थीं। बल्कि आज उनके चेहरे पर विशेष तेज था और आँखों में अनोखी चमक। जैसे किसी ऐसे अदृश्य का अहसास कर लिया हो, जिसकी जानकारी सिर्फ उन्हें ही थी और बाकी लोग सर्वथा अनभिज्ञ।

एक कमरे में टी. वी. के अधिकारीगण बैठे थे। प्रधानमंत्री नियत समय पर उनके पास पहुँचीं तो एक शूटिंग के सिलसिले में उनका मेकअप किया गया।

आयरिश-पश्चिमी जर्मन टेलीविजन उन पर एक सीरियल बना रहा था। फिल्म के निर्देशक पीटर उस्तीनोव और उनका दल 1, अकबर रोड स्थित दफ्तर में उनका इन्तजार कर रहा था। यह जगह प्रधानमंत्री आवास से सिर्फ सौ गज की दूरी पर थी। प्रधानमंत्री को मेकअप के पश्चात सीधे वहीं जाना था।

गेरुए रंग की साड़ी पहन कर वे मेकअप रूम से बाहर निकलीं तो बेहद खिली हुई नज़र आ रही थीं। वे खूबसूरत तो पहले से ही थीं, मगर आज जो उनके सौंदर्य में गहरी कशिश थी, उसका क्या राज़ था? भले ही और किसी को मालूम

न हो, मगर उनके होंठों की मंद-मंद मुस्कराहट से साफ जाहिर था कि वे खूब जानती थीं कि उनकी तकदीर की मर्जी क्या थी?

वे लगभग साढ़े आठ बजे आवास से बाहर निकलीं।

आवास से एक छोटी राहदारी 1, अकबर रोड की ओर जाती थी। प्रधानमंत्री चाहतीं तो कार से भी जा सकती थीं पर दूरी इतनी कम थी कि वे प्राय: पैदल ही उधर जाया करती थीं। प्रधानमंत्री आवास तथा दफ्तर की इमारत पास-पास थीं और उन्हें अलग करती थी बीच की एक छोटी-सी दीवार। मगर दोनों का कम्पाउंड साझा था। शूटिंग के बाद प्रधानमंत्री को साउथ ब्लाक स्थित अपने कार्यालय में जाना था।

अकबर रोड स्थित दफ्तर में आज ज़रा भी भीड़ नहीं थी। यहाँ प्रधानमंत्री के दर्शन का जो दैनिक कार्यक्रम रखा जाता था, उसे आज स्थगित कर दिया गया था। सुबह का यह वक्त आज फिल्म वालों को दिया गया था, जो उनके साथ भुवनेश्वर (उड़ीसा) भी गए थे।

प्रधानमंत्री को बाहर देख कर सुरक्षा कर्मचारी सतर्क हो गए।

प्रधानमंत्री ने एक नज़र चारों ओर डाली और फिर तेज़-तेज़ कदमों से छोटी-सी राहदारी की ओर बढ़ गयीं। उनके पीछे थे पाँच सुरक्षा कर्मचारी, जिनका नेतृत्व कर रहे थे निजी सुरक्षा अधिकारी दिनेश भट्ट। ये लोग प्रधानमंत्री से दो या तीन गज की दूरी पर थे।

सबसे पीछे थे प्रधानमंत्री के निजी सचिव आर. के. धवन।

पूर्व दिशा से जो सूर्य उग था, वह अभी बहुत ऊपर नहीं उठा था। (या शायद उठना नहीं चाहता था?) मौसम में सर्दी की शुरुआत का थोड़ा अहसास था।

यह जो प्रधानमंत्री निश्िंचत और निर्द्वंद्व आगे बढ़ती चली जा रही थीं, उस वक्त क्या सोच रही थीं? निश्चित रूप से देश के बारे में, देश की एकता के बारे में, साम्प्रदायिक सौहार्द के बारे में, धार्मिक सहिष्णुता के बारे में, देश की सम्पन्नता की गति के बारे में, राष्ट्रीय सुरक्षा के बारे में, दक्षिण अफ्रीका की आज़ादी के बारे में, फिलीस्तीनी मुक्ति मोर्चे के अनवरत संघर्ष के बारे में, अतंर्राष्ट्रीय तनातनी के बारे में और ऐसी ही अनेक अन्य समस्याओं के बारे में। एक प्रधानमंत्री होने के नाते इन सबके के बारे में सोचना स्वाभाविक ही था। पर वे सिर्फ प्रधानमंत्री ही नहीं थीं, जागरूक और संवेदनशील व्यक्ति भी थीं, इसलिए सिर्फ सोचती ही नहीं थीं, चिन्ता भी करती थीं। चिन्ता-यानी उत्तरदायित्वों के प्रति सतत सचेत रहने का महत्ती प्रयास।

मगर इस वक्त भी क्या सिर्फ यही सोच रही थीं या कुछ और भी? मसलन

अपनी ज़िन्दगी के बारे में, मौत के बारे में?

शायद नहीं। ज़िन्दगी तो उन्होंने राष्ट्र के नाम समर्पित कर दी थी, तो उसके बारे में सोचना क्या? और मौत? उसके बारे में उन्होंने कभी सोचा होता तो ऐसे निर्भय निर्णय नहीं लेतीं। मगर जब देश की एकता का सवाल हो तो मौत को रूबरू देखकर भी वे विचलित नहीं होती थीं। मौत क्या है? उसका तो एक दिन तय है मगर आदर्शों की रक्षा की खातिर मरने का अन्दाज तो कुछ और ही है कि मौत भी मरने वाले पर 'शक' कर उठे।

अभी कल ही तो उन्होंने उड़ीसा की एक आम सभा में कहा था, "मेरे रक्त का आखिरी कतरा भी देश के काम आ जाए तो इसे मैं अपना सौभाग्य मानूँगी।"

ऐसे सौभाग्य का वर्णन करने को तो वे सदैव तत्पर रहती थीं अगर उनकी कुर्बानी देश के किसी काम आ सके तो सौ बार मरने को तैयार थीं। जिन उच्चादर्शों को उन्होंने–गांधी नेहरू, अशोक–अकबर से ग्रहण कर जीवन में समाहित किया था, वे उन्हीं के लिए जी रही थीं।

प्रधानमंत्री चलते–चलते मेन गेट के करीब पहुँच गयी थीं। किसी को पता नहीं था कि अगले ही कुछ क्षणों में कैसा भयावह हादसा पेश होने वाला है।

प्रधानमंत्री मेन गेट के पास पहुँचीं तो एकाएक बेगेनवेलिया की झाड़ियों में दुबके हुए दो सुरक्षा कर्मचारी ज़रा–सा ऊपर उठे। एक राहदारी के दाएँ और दूसरा बाएँ।

प्रधानमंत्री उन्हें जानती थीं। वे उनके अंगरक्षक थे। दाएँ खड़ा था सब इंस्पेक्टर बेअंत सिंह और बाएँ था कांस्टेबल सतवंत सिंह। बेअंत सिंह तो प्रधानमंत्री भवन में लम्बे आठ सालों से कार्यरत था और प्रधानमंत्री उसे बहुत मानती भी थीं। दोनों अंगरक्षकों की पीठ सफदरजंग रोड की तरफ थी और वे सामने से निकट आ रहीं प्रधानमंत्री को ताक रहे थे।

तब वक्त था सुबह के नौ बजकर अठारह मिनट।

तभी एकाएक वातावरण में धमाके गूँज उठे।

किसी को समझ में नहीं आया कि क्या हुआ? वे स्तब्ध कर देने वाले क्षण थे, समझते और संभलते में थोड़ा–सा तो वक्त लगता है, मगर तब तक बहुत कुछ हो चुका होता है।

कांस्टेबल सतवंत सिंह के हाथ में स्टेनगन थी और जब उसने स्टेनगन को प्रधानमंत्री की ओर उठाया तो अन्य अंगरक्षकों को लगा था कि यह सैल्यूट की मुद्रा है–मगर ज़रा–सी देर तक के लिए! कांस्टेबल ने जल्दी ही ट्रिगर को जैसे ही दबाया दनदनाती हुई गोलियों ने प्रधानमंत्री को छलनी कर दिया था। चकित

और हैरान प्रधानमंत्री दोहरी हो गई थीं। इस बीच दूसरी ओर खड़े बेअन्त सिंह ने अपने तने हुए रिवाल्वर की पाँच गोलियाँ प्रधानमंत्री के शरीर में उतार दी थीं। प्रधानमंत्री अचेत होकर गिरते-गिरते भी शायद सोच रही होंगी- "अरे, बेअंत तुम...?"

अपनों का विश्वासघात अधिक कष्टकारक होता है। वे अपने भी थे और अंगरक्षक भी।

प्रधानमंत्री अचेत होकर नीचे गिर पड़ीं। सतवंत सिंह ने 14 राउंड गोलियाँ चलाई थीं, जिनमें से ग्यारह ने उनका शरीर क्षत-विक्षत कर दिया था। बेअंत सिंह ने पाँच गोलियाँ एक के बाद एक उन पर दागी थीं।

प्रधानमंत्री जहाँ गिरी थीं, राहदारी का वह क्षेत्र खून से भर गया। उनकी गेरुआ साड़ी लहूलुहान हो गई।

पीछे से आने वाले सुरक्षा अधिकारियों ने यह हाल देखा तो वे दौड़े आए और प्रधानमंत्री को उठा लिया।

प्रधानमंत्री के सूचना सलाहकार शारदा प्रसाद तत्काल कार लेकर पास आ गए। प्रधानमंत्री को कार में डाल दिया गया। राहदारी पर खून से सनी उनकी चप्पलें यों लावारिस पड़ी थीं। अन्य स्तब्ध और विस्मित सुरक्षा अधिकारी होश में आते ही आगे बढ़े और दोनों हत्यारों अंगरक्षकों को काबू में कर लिया। दोनों अंगरक्षकों ने समर्पण की मुद्रा में हाथ उठा रखे थे। बेअंत सिंह ने ऐलान किया, "मुझे जो करना था, वो कर लिया। अब तुम जो मर्जी करो।"

लेकिन क्या उसे सचमुच पता था कि उसने क्या कर लिया? शायद नहीं। उसने जो कुछ किया था, वह नहीं जानता था कि क्या किया। कोई हत्यारा नहीं जानता; वह भले ही इस गुमान में रहे कि उसने धर्म, जाति व कौम के लिए हत्या की, जबकि सच्चाई यह है कि हत्यारे का न कोई धर्म होता है, न जाति और न कौम? भारत की प्रधानमंत्री को मारने वाले भी वही थे, जिन्होंने सुकरात को ज़हर दिया, ईसा मसीह को सूली पर चढ़ाया, गांधी, मार्टिन लूथर किंग और जॉन कैनेडी को गोली मारी। सरहदी बंदिशों के बावजूद इनकी प्रवृतियाँ एक जैसी होती हैं-नासमझ, संकीर्ण और कटुतापूर्ण।

बेअंत सिंह सुरक्षा अधिकारियों के साथ झड़प बैठा तो मारा गया और सतवंत सिंह घायल हो गया।

उधर प्रधानमंत्री का लहूलुहान शरीर लिए एम्बेसडर कार तेज़ी से मेन गेट से बाहर निकल गई। सोनिया गांधी उनके साथ पिछली सीट पर थीं। प्रधानमंत्री का सिर बहू की गोद में था। एक पुलिस अधिकारी और आर. के. धवन भी गाड़ी में

बैठे थे। राजीव गांधी दिल्ली में नहीं थे, वे पश्चिम बंगाल के दौरे पर गए थे। सबके चेहरे चिन्तातुर थे। यह क्या हो गया था पलक झपकते ही ?

घायल प्रधानमंत्री को ऑल इंडिया इंस्टीट्यूट ऑफ मेडिकल साइंसेज पहुँचाया गया। वहाँ डॉक्टरों ने उन्हें होश में लाने की बहुतेरी कोशिश की—मगर निष्फल। उन्हें तत्काल ऑपरेशन थियेटर ले जाया गया, जो अस्पताल की आठवीं मंजिल पर था।

प्रधानमंत्री निस्पंद पड़ी थीं। उनके दिल की धड़कनें डूब गयी थीं। चेहरे पर घाव का एक भी निशान नहीं था। छाती और पेट गोलियों से छलनी हो गया था। जीवन रक्षा के कई यंत्र उपयोग में लाए गए, उनकी नसों में खून और ग्लूकोज चढ़ाया गया, उन्हें ऑक्सीजन दिया गया। लेकिन तब तक प्रधानमंत्री चिर निद्रा में सो चुकी थीं और उनकी आँखें खुली हुई थीं।

एक डॉक्टर ने आगे बढ़कर उनकी आँखें मूँद दीं।

और चारों ओर अन्धकार छा गया।

प्रधानमंत्री जिन आदर्शों की रक्षा के लिए जिंदगी भर संघर्ष करती रहीं, उनकी खातिर अपनी जान दे दी।

कहते हैं, इंदिरा गांधी की हत्या करने वाले सिख थे। पर सिख होना तो बहुत दूर की बात है, वे तो किसी भी सिरे से इंसान ही नहीं थे। वे सिर्फ हत्यारे थे—और कुछ नहीं।

बेअंत सिंह और सतवंत सिंह के बदले हुए व्यवहार पर सुरक्षा अधिकारियों को पहले ही शक हो गया था। तभी तो उन्होंने इंदिरा गांधी को सिफारिश की थी कि उन्हें प्रधानमंत्री भवन की ड्यूटी से फारिग कर दिया जाए। मगर इंदिरा गांधी ने उनकी एक न सुनी और कहा—"ऐसा किया गया तो भारत के सेक्युलरिज्म कैसे बना रहेगा।"

भारत की चारित्रिक विशेषता ही सेक्युलरिज्म में निहित थी, भला उस पर वे कैसे आँच आने देतीं।

उन्होंने अपना सम्पूर्ण जीवन साम्राज्यवादी, धर्मनिरपेक्ष भारत के निर्माण में समर्पित कर दिया था।

हालांकि इंदिरा गांधी की हत्या का अधिकृत समाचार रेडियो व टी. वी. पर शाम को लगभग छः बजे प्रसारित किया गया था, मगर उनकी मृत्यु का समाचार दोपहर को ही सारे शहर में फैल गया था और फिर सारे भारत में और भारत की सीमाओं को लाँघकर विदेशों में भी।

अचानक सारा भारत शोक की एक घनी परत में डूब गया।

दिल्ली के लोग हज़ारों की संख्या में ऑल इंडिया इंस्टीट्यूट ऑफ मेडिकल साइंसेज जा पहुँचे। चारों ओर उतरे चेहरे और नम निगाहें लिए, स्त्री–पुरुष और बच्चे इधर से उधर भटक रहे थे। किसी को पता नहीं था कि वास्तविकता क्या है? इंदिरा जी जीवित हैं या नहीं? या उन्हें ठीक होने में कितना वक्त लगेगा? यह घटना कैसे हुई? किसने मारा उन्हें और क्यों? सबके होंठों पर प्रार्थना थी और हाथ दुआ की कामना में जुड़े हुए। कई लोग रो रहे थे बिलख–बिलख कर। कई लोग खामोश थे, बिल्कुल शोक स्तब्ध।

इंदिरा गांधी की मौत की जब पुष्टि हो गई तो वहाँ का सारा वातावरण अचानक बेहद मार्मिक हो गया। औरतें, मर्द, बच्चे छाती पीट–पीट कर रो रहे थे और किसी को अपना होश नहीं रहा था। इंदिरा गांधी से लोग असीम प्यार करते थे, यह साफ जाहिर था।

शाम को रेडियो पर घोषणा की गयी कि इंदिरा गांधी के निधन पर 12 दिन का राजकीय शोक रहेगा और सरकारी कार्यालयों पर लगे राष्ट्रीय ध्वज आधे झुके रहेंगे।

इंदिरा गांधी के शव को तीन मूर्ति भवन में दर्शनार्थ 1 से 3 नवम्बर की सुबह तक रखा गया था।

यहाँ प्रस्तुत है तीन मूर्ति भवन का 1 नवम्बर, 1984 का दृश्य–

अंतिम यात्रा

स्वर्गीय प्रधानमंत्री श्रीमती इंदिरा गांधी के पार्थिक शरीर की आखिरी झलक पाने के लिए तीन मूर्ति भवन, नई दिल्ली पर लोगों का भारी सैलाब उमड़ पड़ा। सजल नेत्रों से स्त्री–पुरुष और बच्चे श्रीमती इंदिरा गांधी के अन्तिम दर्शन कर रहे थे। शव के पैरों तक पहुँचते–पहुँचते कई लोग फूट–फूटकर रो पड़े। कई अधेड़ औरतों और पुरुषों को सहारा देकर वहाँ से हटाया गया।

चिर–निद्रा में सोई श्रीमती इंदिरा गांधी के चेहरे पर एक अप्रतिम शांति की चमक थी। लगता था लाखों-करोड़ों लोगों को बिलखता छोड़कर वे शांति से सो गई थीं। नारंगी साड़ी के पल्लू से उनका सिर ढका और चेहरा पूरा खुला हुआ था। देखते-देखते शव फूलों के अम्बार से ढकने लगा। सुरक्षा कर्मचारी फूलों को उठा कर अलग रख दिया।

तीन मूर्ति भवन में श्रीमती गांधी का पार्थिक शरीर ठीक उसी जगह तिरंगे में लिपटा रखा हुआ था, जहाँ तब से करीब बीस वर्ष पूर्व उनके पिता और देश के प्रथम प्रधानमंत्री

पंडित जवाहर लाल नेहरू का शव 27 मई, 1964 को रखा गया था।

ठण्ड के बावजूद लोग रात से तीन मूर्ति भवन के द्वार पर पहुँचना शुरू हो गए थे। यद्यपि अन्तिम दर्शन प्रातः सात बजे से होने थे। श्रीमती गांधी का शव लाए जाने से पूर्व लोगों की लम्बी-लम्बी कतारें लग चुकी थीं। भीड़ बढ़ती जा रही थी और अन्तिम दर्शन पाने को आतुर लोग पंक्तिबद्ध होकर आगे बढ़ते रहे।

तीन मूर्ति भवन पहुँचने वाले रास्तों, तीन मूर्ति मार्ग, साउथ एवेन्यू, कुशक रोड, चाणक्यपुरी पर देर रात तक अन्तिम दर्शन के लिए आने वालों का सैलाब नज़र आता रहा। वाहनों से तीन मूर्ति भवन पहुँचने वालों को अपने वाहन डेढ़ किलो मीटर की दूरी पर ही खड़े करने पड़े। उद्योग भवन तक दर्शनार्थियों की कतारें थीं।

तिरंगे में लिपटा प्रियदर्शनी इंदिरा का पार्थिक शरीर सुबह आठ बजे के करीब तीन मूर्ति भवन लाया गया। शव को फूलों से ढककर पाँच फुट ऊँचे मंच पर रखा गया। तत्कालीन प्रधानमंत्री राजीव गांधी सुबह से ही पूज्य माँ के चरणों के निकट खड़े थे। उनकी पत्नी सोनिया, बेटा राहुल और बेटी प्रियंका निकट खड़े थे। श्रद्धांजलि अर्पित करके वहाँ से गुजरने वालों के प्रति राजीव हाथ जोड़कर कृतज्ञता व्यक्त कर रहे थे।

हालांकि तीन मूर्ति भवन में सभी धर्मों का पाठ चल रहा था; इसके बावजूद वहाँ अजीब-सी खामोशी थी। यह खामोशी बीच-बीच में लोगों के क्रन्दन अथवा 'इंदिरा गांधी अमर रहे' के नारों से टूटती थी। वहाँ की व्यवस्था की जिम्मेदारी सेना ने संभाल ली थी।

राष्ट्रपति ज्ञानी जैल सिंह प्रातः श्रीमती इंदिरा गांधी को श्रद्धांजलि अर्पित करने पहुँचे। उनके साथ उनके व्यक्तिगत अंगरक्षक भी थे । उन्होंने श्रीमती गांधी के पार्थिक शरीर पर पुष्पमाला रखी और शव के निकट खामोश खड़े रहे। उपराष्ट्रपति श्री वेंकटरामन प्रातः पहुँचने वाले नेताओं में सर्वप्रथम थे। श्री राजीव गांधी के मंत्रिमंडल के सहयोगी भी श्रीमती गांधी के शव के पास काफी देर रहे। पूर्व मंत्री एच.के.एल. भगत, शिवराज पाटिल, अशोक गहलोत व्यवस्था में लगे थे।

भारी संख्या में विदेशी राजनयिक, सभी राज्यों के मुख्यमंत्री, संसद सदस्य, महानगर पार्षद, नगर निगम के सदस्य, आदि अनेकानेक नेतागण ने सजल नेत्रों से अपनी प्रिय नेता को श्रद्धांजलि अर्पित की।

जम्मू-कश्मीर के पूर्व मुख्यमंत्री फारूख अब्दुल्ला, लोकतांत्रिक समाजवादी पार्टी के अध्यक्ष एच. एन. बहुगुणा, कांग्रेस 'स' के अध्यक्ष शरद पवार, महासचिव अम्बिका सोनी आदि नेताओं ने भी श्रीमती इंदिरा गांधी को श्रद्धांजलि अर्पित की।

श्रीमती गांधी की बुआ श्रीमती विजयलक्ष्मी पंडित सपरिवार श्रद्धांजलि अर्पित करने आईं। उनकी आँखों से अविरल अश्रु धारा प्रवाहित हो रही थी।

तीन मूर्ति भवन का विशाल प्रांगण 'जब तक सूरज चांद रहेगा, इंदिरा तेरा नाम रहेगा, और 'इंदिरा गांधी जिन्दाबाद'-नारों से गुन्जायमान रहा।

शनिवार 3 नवम्बर, 1984 को इंदिरा गांधी की शवयात्रा दोपहर 12 बजे तीन मूर्ति भवन से शुरू हुई। तीन मूर्ति भवन से लेकर यमुना किनारे शान्ति वन स्थित उनके चिता स्थल तक सड़क के दोनों ओर लाखों लोगों ने भाव-विह्वल होकर अपनी प्रिय नेता को आखिरी क्षणों में अश्रु-पूर्ण नेत्रों से निहारा।

शान्ति-वन में सारा भारत ही उमड़ पड़ा था, बल्कि सारा विश्व। भारत के विभिन्न भागों से विभिन्न भाषा, धर्म, वर्ग और सम्प्रदाय के लोग तो आए ही थे, विश्व के अनेक भागों से लोग अपने श्रद्धा-सुमन अर्पित करने आए थे। सौ से भी अधिक देशों के प्रतिनिधियों ने इंदिरा गांधी के अन्तिम संस्कार में अपने देश का प्रतिनिधित्व किया, जिनमें इंग्लैंड की प्रधानमंत्री, जापान के प्रधानमंत्री, पाकिस्तान के राष्ट्रपति, युगोस्लाविया के राष्ट्रपति, ग्रीस के राष्ट्रपति, चीन के उप-प्रधानमंत्री आदि के अलावा संयुक्त राष्ट्रसंघ के सचिव, फिलीस्तीनी मुक्ति मोर्चे के अध्यक्ष यासर अराफात आदि सम्मिलित हुए।

सम्पूर्ण भारत ने विश्व के साथ मिलकर उस दिन इंदिरा गांधी को भरे दिल से अलविदा कहा। वे निरर्थक मौत नहीं मरी थीं, वीरता से मौत का वरण करके उन्होंने मौत को और जीवन को गौरवान्वित किया था।

इंदिरा गांधी का अन्तिम संस्कार पूरे राजकीय सम्मान के साथ किया गया। तीनों सेना अध्यक्षों ने शवयात्रा का नेतृत्व किया। उनके पार्थिव शरीर को कंधा देने वालों तीनों सेनाध्यक्षों के अतिरिक्त भारत के प्रथम फील्ड मार्शल मानिक शा भी थे।

जब इंदिरा गांधी के पार्थिव शरीर को चिता पर रखा गया और वैदिक मंत्रोच्चारण के बीच उनके पुत्र राजीव गांधी ने चिता को अग्नि दी तो उपस्थित जन-समूह भाव-विह्वल हो उठा। चारों ओर सिसकियों का स्वर तैर रहा था और इंदिरा गांधी अमर रहे के नारों से वातावरण गुंजरित था।

अब जब इंदिरा गांधी नहीं रहीं और भारत अपनी राष्ट्रमाता से वंचित तथा विश्व एक रहनुमा से वंचित हो गया, तब उनकी याद अधिक मुखर, अधिक तीव्र और अधिक मर्मस्पर्शी हो उठी थी। इन भाव-विह्वल क्षणों में याद आते हैं उनके बारे में अनेक प्रसंग।

लोग उन्हें लौह-महिला बताते थे। वे थीं भी लौह-महिला। निर्णय लेने में साहसी और अनुशासन की पाबन्द। मगर वे बेहद कोमल भी थीं, नाजुक भी थीं

और नारी–सुलभ भावनाओं से ओत–प्रोत भी। उनके होंठों की प्यारी–सी मुस्कान ही यह प्रकट कर देती थी कि प्रधानमंत्री के पद ने भले ही उन्हें सख्ती का दामन पकड़ने को मजबूर कर दिया हो, मगर जहाँ तक दिल का सवाल है, उसकी सुकोमलता गई नहीं।

आज भी अनेक लोगों को याद है आनंद भवन में रहने वाली उस छुई-मुई, भोली-भाली, शर्मीली और नाजुक–सी दुबली–पतली लड़की की, जो आगे चलकर देश की प्रधानमंत्री बनीं। और प्रधानमंत्री के रूप में उन्होंने जिस दृढ़ता और मजबूती का परिचय दिया, उसकी मिसाल कोई नहीं।

उनका प्रभाव जन–जन पर था। वे जो कहती थीं, उसे लोग ध्यान से सुनते थे और उस पर आचरण करने की कोशिश करते थे।

इस सम्बन्ध में नजमा हेप्तुल्ला का एक संस्मरण बड़ा हृदयग्राही है। नजमा अबुल कलाम आज़ाद की पोती हैं और उनका नेहरू परिवार से बड़ा घनिष्ट सम्बन्ध है। आज़ाद की मृत्यु के बाद कुछ अरसे तक नजमा अपनी माँ के साथ तीन मूर्ति भवन में ही रही थीं। तब पंडित जवाहर लाल नेहरू भारत के प्रधानमंत्री थे और इंदिरा गांधी घरेलू नारी की तरह उनकी देखभाल करती थीं और अतिथियों का स्वागत सत्कार। नजमा का तभी से इंदिरा गांधी से मधुर परिचय हो गया था, जो अन्त तक बना रहा। बाद में नजमा जब मुम्बई में रहने लगीं, तब भी इंदिरा गांधी उनसे बराबर मिलती रहती थीं। प्रधानमंत्री बनने के बाद जब भी उनका मुम्बई जाना होता, वे नजमा से जरूर मिलती थीं।

एक बार इंदिरा गांधी मुम्बई गयीं तो नजमा व अन्य परिजन के साथ वे बाज़ार गयीं। चर्चगेट के इलाके में उनकी कार रुकी। कुछ परिजन बाज़ार चले गए। कार में नजमा व इंदिरा गांधी बैठी थीं। वहीं पर सड़क के किनारे खड़ा था एक छोटा बालक–फटेहाल और गरीब। हाथ में अगरबत्तियों के एकाध पैकेट। वह डरा–डरा सा और विस्मित–सा कार के पास पहुँचा और इंदिरा गांधी की ओर इशारा करके नजमा से पूछा–

''ये इंदिरा गांधी हैं?'' नजमा ने जवाब दिया–''हाँ।''

बालक ने बड़ी–बड़ी आँखों से इंदिरा गांधी को देखा। उसके चेहरे पर अनोखी सी चमक थी और आँखों में बेपनाह हैरानी। वह इंदिरा गांधी से बोला–

''देखिए, मैं भिखारी नहीं हूँ। मैं आपसे भीख नहीं माँग रहा हूँ। मैं ये अगरबत्तियाँ बेचकर अपना गुजारा करता हूँ। आप खरीदेंगी मेरी अगरबत्तियाँ।''

कहने की जरूरत नहीं कि इंदिरा गांधी का दिल बच्चे की बात सुनकर हिल उठा था, गर्व भी हुआ था।

यह था इंदिरा गांधी के आदर्शों का जन मानस पर प्रभाव। वे भारत को आत्मनिर्भर बनानी चाहती थीं। अगर भारत का बच्चा-बच्चा अपने पैरों पर खड़ा होने की कोशिश करे तो भारत को आत्म निर्भर बनने में देर ही क्या लगेगी।

उन्हें अपनी मौत का कभी डर नहीं लगा था। उन्होंने उड़ीसा के अपने अंतिम दौरे में कहा था कि मैं देश की खातिर मर भी जाऊँ तो मुझे परवाह नहीं।

तो ऐसी थीं इंदिरा गांधी और ऐसा था उनके सोचने, काम करने और मरने का नायाब अंदाज?

कैसे वरण किए उन्होंने इतने सारे गुण? जीने का यह अनुपम ढंग और मरने का यह बेमिसाल तरीका कहाँ से सीखा उन्होंने?

और फिर उनकी हत्या क्यों की गयी? कौन से तत्त्व थे, जो इंदिरा गांधी की मौत से लाभान्वित हो रहे थे? क्या था उनका स्वार्थ? क्या निस्संदेह यह एक भारी अन्तर्राष्ट्रीय षड्यन्त्र था। क्या किसी एक सम्प्रदाय को उनकी हत्या का दोषी मानना चाहिए?

ये कुछ अनुत्तरित प्रश्न थे; जिनके जवाब भविष्य में खोजे जाते रहे।

• • • •

दुखद निधन के बाद 16

धार्मिक असहिष्णुता में पड़कर कभी-कभी गुमराह लोग ऐसा कदम उठा लेते हैं कि धर्म की सारी मान्यताएं ही खंडित हो जाती हैं। भला कोई धर्म नफरत और घृणा तथा खून बहाने की इजाजत देता है। धर्म तो हमेशा मिलाता है, प्यार सिखाता है। हम कैसे मान लें कि उन्हें किसी खास धर्म को मानने वाले दो लोगों ने कत्ल कर दिया। कौन कहेगा कि यह उनका धर्माचरण था या धर्म के लिए आचरण था। वे बहके हुए लोग थे, भटके हुए लोग थे, जिन्हें धर्म के असली मायनों का ही इल्म नहीं था। ऐसे लोग सिर्फ ओछी मनोवृत्ति के द्योतक होते हैं, किसी धर्म से उनका सम्बन्ध नहीं होता, बल्कि वे तो अपने उन्माद में किए कलुषित कर्म से धर्म की मान्यताओं को ही नष्ट कर देते हैं।

इंदिरा गांधी को उन्हीं के दो अंगरक्षकों ने मार डाला। बहाना था कि उन्होंने स्वर्ण मन्दिर में फौज भेजकर उनके धर्म को कलुषित किया है। सवाल यह उठता है कि उन्होंने जो कुछ किया उससे कोई धर्म कैसे पाक हो जाता है।

बहरहाल, इंदिरा गांधी की आँखों में हमेशा अखंड भारत का सपना तैरता था और दिमाग में राष्ट्रीय एकता को कायम रखने की कोशिशों की सोच। इसी महान उद्‌देश्य की खातिर उन्होंने अन्ततः अपनी जान दे दी।

हमें नहीं लगता कि इंदिरा गांधी को अपनी मौत का कोई गम होगा। हम सबकी आँखें भले ही उनकी दुखद मौत से नम हो गई थीं, लेकिन वे जिस महान मूल्य की रक्षा के लिए शहीद हुईं, उसका सबको अहसास है।

सच तो यह है कि इंदिरा गांधी देश के लिए जीं और देश के लिए ही मरीं।

इंदिरा गांधी के दुखद निधन से राष्ट्र शोक-विह्वल और स्तब्ध रह गया। सारा राष्ट्र ही क्यों, सारा विश्व।

वे सिर्फ भारत की ही प्रधानमंत्री और प्रिय नेता नहीं थीं, उनका संपूर्ण विश्व में सम्मान था और पूरी मानवता के लिए आशा की किरण थीं। उनकी सद्‌भावनाओं

से भला कौन अनभिज्ञ था ? उनके शांति प्रयासों को विश्वभर में सराहा जाता था। तभी वर्ष 1984 के जब नोबल पुरस्कारों से सम्मानित होने वाले संभावी नामों की घोषणा की गई तो शान्ति का नोबल पुरस्कार पाने वाले संभावित लोगों में इंदिरा गांधी का नाम भी प्रमुख था।

उन्हें सब चाहते थे। सारे देशों के निवासी। इंदिरा गांधी के आकस्मिक निधन से सभी ने हार्दिक दुख का अहसास किया। भारत में इसकी व्यापक प्रतिक्रिया हुई।

इंदिरा गांधी की मृत्यु, 31 अक्तूबर, 1984 को सुबह 1, सफदरजंग में अंगरक्षकों की गोलियाँ लगने से हो गयी थी। जब वे अस्पताल पहुँचाई गयीं तो उनका निधन हो चुका था, इसके बावजूद डॉक्टरों ने उन्हें बचाने का असफल प्रयास जरूर किया था-अपनी आवश्यक ड्यूटी के तहत।

प्रधानमंत्री की मृत्यु का आधिकारिक समाचार शाम को छः बजे ही मिला था, पर दोपहर तक उनके निधन की खबर देश-विदेश में पहुँच गयी।

भारत में इंदिरा गांधी की मौत के बाद प्रतिक्रिया-स्वरूप जो कुछ हुआ, वह अच्छा नहीं हुआ था।

श्रीमती इंदिरा गांधी की हत्या पर नई दिल्ली में जन-आक्रोश हिंसा के रूप में अगले दिन भड़क उठा। देश के कई भागों में हुई इन हिंसक वारदातों में अनेक व्यक्ति मारे गए। विभिन्न राज्यों के तीस शहरों में कर्फ्यू लगा दिया गया। दिल्ली सहित करीब नौ शहरों में सेना को बुला लिया गया। दिल्ली, पटना, कानपुर और देहरादून में देखते ही गोली चलाने के आदेश दे दिए गए। कोलकाता, भोपाल, आगरा, रायपुर, जबलपुर, इन्दौर, मध्य प्रदेश तथा राजस्थान के कुछ नगरों में भी व्यापक हिंसा हुई। हिमाचल प्रदेश में तीन-चार स्थानों पर छुटपुट वारदातें हुईं।

अन्य प्रदेशों के मुकाबले पंजाब, हरियाणा, चंडीगढ़, महाराष्ट्र और गुजरात में स्थिति शान्त रही। सेना ने संवेदनशील क्षेत्रों में गश्त लगाई।

देश के विभिन्न भागों में लूटपाट, आगजनी और हिंसा की घटनाओं में लाखों रुपये की सम्पत्ति को आग लगा दी गई। पूरे देश में हजारों मोटर वाहनों को उग्र भीड़ ने आग लगाई। सिर्फ दिल्ली में ही उग्र लोगों ने दो हज़ार वाहनों को आग की भेंट चढ़ा दिया।

दिल्ली

राजधानी में हिंसा व लूटपाट पर उतारू व्यक्ति को देखते ही गोली मारने का आदेश दिया गया। कई क्षेत्रों में कर्फ्यू लगा दिया गया और सेना तैनात कर दी गई। व्यापक आगजनी, तोड़-फोड़ और हिंसा में करीब पचास लोग मारे गए।

मध्य प्रदेश

मध्य प्रदेश के विभिन्न शहरों में हिंसा के दौरान कम-से-कम आठ व्यक्ति मारे गये। राज्य के बारह नगरों में कर्फ्यू लागू कर देना पड़ा। उग्र भीड़ ने कई दुकानों और मकानों को आग लगा दी और लूटपाट की।

राजधानी भोपाल में तीन नवम्बर की सुबह तक के लिए कर्फ्यू लागू कर दिया गया। जबलपुर, इन्दौर और सागर में कानून व व्यवस्था बनाए रखने के लिए सेना बुला ली गई। पुलिस ने उग्र भीड़ को तितर-बितर करने के लिए गोली चलाई। ग्वालियर, जबलपुर, इन्दौर आदि स्थानों पर कर्फ्यू लगा दिया गया। पूरे राज्य में लगभग पाँच सौ व्यक्तियों को एहतियात के तौर पर गिरफ्तार किया गया।

राजस्थान

भरतपुर शहर में कुछ सिखों द्वारा विस्फोट किये गए। अधिकृत सूत्रों ने कहा कि किसी के हताहत होने की कोई खबर नहीं थी। विस्फोट हल्के थे।

अजमेर में पाँच सिख युवकों ने एक टैक्सी कार में घूमते हुए भिंडरावाले के समर्थन में नारे लगाए। एक स्थान पर युवकों ने उतरकर नंगी तलवारें हवा में घुमायीं। पुलिस को आते देखकर वे भाग गये।

जिला जयपुर के बाकी कई कस्बों में उत्तेजित भीड़ ने सिखों के कई मकानों को आग लगा दी। जयपुर और कोटा में लोगों ने कुछ सिखों को पीटा।

बिहार

बिहार में आगजनी और लूटपाट की घटनाओं के बाद राजधानी पटना, डाल्टनगंज, राँची व हजारीबाग में कर्फ्यू लगा दिया गया। हिंसा को भड़कने से रोकने के लिए सेना ने कई स्थानों पर फ्लैग मार्च भी किया। पटना, राँची, बोकारो व धनबाद में सेना बुलाई गई।

हिंसा के इस दौर में लगभग पाँच हजार से अधिक दुकानें लूट ली गयीं। पटना में देखते ही गोली मारने के आदेश पुलिस को दिए गए। पटना में पुलिस ने तीन स्थानों पर गोली चलाई, लेकिन किसी के घायल होने का समाचार नहीं मिला।

प्रदेश के सभी नगरों में निषेधाज्ञा लगाकर पाँच या दस से अधिक लोगों के एकत्र होने और हथियार लेकर चलने पर रोक लगा दी गई थी।

पश्चिम बंगाल

पश्चिम बंगाल के विभिन्न भागों में हिंसा और पुलिस द्वारा गोली चलाए जाने

से पाँच लोगों की मृत्यु और कई लोग घायल हुए।

कोलकाता के चार पुलिस थाना क्षेत्रों और वर्द्धमान तथा आसनसोल में कर्फ्यू लागू किया गया।

कोलकाता के चार पुलिस थाना क्षेत्रों में सेना गश्त लगाती रही, जबकि आसनसोल, वर्द्धमान तथा रानीगंज कोयला क्षेत्र में बिगड़ती हुई स्थिति को देखते हुए सेना सतर्क कर दी गई।

सेना और सशस्त्र पुलिस की गश्त के बावजूद कोलकाता में चार स्थानों पर आगजनी और हमले की घटनाएँ हुईं। दो स्थानों पर एक सम्प्रदाय के धार्मिक स्थान में आग लगा दी गई। मानिकतल्ला तिरहाटी बाज़ार में दुकानों में आग लगाई गई।

हिमाचल प्रदेश

हिमाचल प्रदेश के कुछ स्थानों पर झगड़े और आगजनी की घटनाओं के कारण राज्य में सेना को सतर्क कर दिया गया। मंडी ज़िले एवं अन्य स्थानों पर धारा एक सौ चवालीस के तहत निषेधाज्ञा लागू कर दी गई।

मंडी ज़िले के जोगिन्द्र नगर में एक ट्रक और कुछ दुकानों को आग लगा दी गई। एक धार्मिक स्थान को आग लगाने की कोशिश की गई।

दिल्ली तथा भारत के अन्य भागों में जो हिंसक घटनाएँ हुईं, उनकी सबने भर्त्सना की।

ये हिंसक वारदातें सिर्फ दो या तीन दिन ही चलीं, मगर इससे एक संप्रदाय विशेष को जिस तरह जान-माल से हाथ धोना पड़ा उसकी क्षति अपूरणीय थी।

सरकार ने पूरी शक्ति से दंगों को दबा दिया, मगर इन वारदातों से हिन्दू-सिखों के पारम्परिक सौहार्द को जो आघात लगा, उसे ठीक होने में काफी वक्त लगा।

ऐसा नहीं था कि इन दंगों में जो हिंसा का दौर चला, उसमें हिन्दुओं-सिखों के पारम्परिक और ऐतिहासिक भाईचारे और सौहार्द का स्वरूप सामने न आया हो। यह सिखों ने खुद बताया कि अनेक मौकों पर हिन्दुओं ने उनकी रक्षा की और अपने घरों में उन्हें शरण भी दी थी। सच तो यह है कि यह बन्धुत्व कभी समाप्त होने वाला नहीं। जो अविश्वास और संदेह का वातावरण पनपा था, शीघ्र ही आपसी मेल-जोल से दूर हो गया।

जब हिंसा का दौर चरमोत्कर्ष पर था तो नए प्रधानमंत्री खामोश नहीं थे। 1 नवम्बर को ही प्रधानमन्त्री राजीव गांधी ने प्रशासन और राज्य सरकारों को स्पष्ट और सख्त निर्देश दिए कि हिंसा की गतिविधियों को तत्काल किसी भी कीमत पर नियन्त्रित किया जाए। केंद्र सरकार ने दिल्ली, कानपुर, जबलपुर और कोलकाता

की स्थिति पर काबू पाने के लिए सेना तैनात कर दी और सभी राज्यों से कहा कि वे जहाँ आवश्यकता महसूस करें, पुलिस की सहायता के लिए सेना बुला लें।

केन्द्रीय गृह सचिव श्री मनमोहन कृष्ण बली ने देश की तत्कालीन गंभीर स्थिति में संयम से काम लिया और अफवाहों से उत्तेजित न होने की अपील की।

उन प्रयासों का नतीजा यह हुआ कि सारे दंगे मात्र दो-तीन दिनों के अन्दर ही कुचलकर रख दिए गए। प्रभावित लोगों को आर्थिक सहायता देने का ऐलान किया गया जो माल लूटा गया था, उसे बरामद कर उनके मालिकों को लौटाया गया।

इंदिरा गांधी के निधन से जब सारे देश में हिंसा का वातावरण छाया हुआ था, तभी दूसरी और तीन मूर्ति भवन का दृश्य बेहद कारुणिक था, जहाँ इंदिरा गांधी के पार्थिक शरीर को अन्तिम दर्शनों के लिए रखा गया था।

इंदिरा गांधी ने ज़िन्दगी भर जिन आदर्शों के लिए संघर्ष किया, उन्हीं की खातिर जान दे दी। उनको सच्ची श्रद्धांजलि देने के लिए आइए हम प्रण करें कि देश की एकता व अखण्डता के लिए हम एक रहेंगे। सांप्रदायिक सौहार्द, भाईचारे व धार्मिक सहिष्णुता का परिचय देकर हम यह साबित करेंगे कि भारत के नागरिक एक हैं और एक रहेंगे। यही उनके प्रति हमारी सच्ची श्रद्धांजलि होगी।

• • • •

इंदिरा गांधी ने कहा था........ 17

अंग्रेजी

अगर हम आज अंग्रेजी को चाहते हैं तो यह बिल्कुल नहीं चाहते कि वह राष्ट्रभाषा हो, वह हिन्दी की जगह ले या वह तमिल, बंगला या किसी दूसरे प्रदेश की भाषा की जगह ले। यह नहीं हो सकता और न कोई इसको चाहता है। लेकिन हम यह जरूर सोचते हैं कि आजकल दुनिया में कोई विदेशी भाषा न जानना हमें कमज़ोर करेगा और हमें पिछड़ा रखेगा।

–लोकसभा में राजभाषा (संशोधन) विधेयक पर दिया गया भाषण (12 दिसम्बर, 1967)

अंतर्राष्ट्रीय मित्रता

मैं सच्चे दिल से, अंतर्राष्ट्रीय मित्रता और शान्ति को बढ़ाने के लिए काम करूँगी, जिससे सारे संसार में लोग भय और आतंक से मुक्त होकर बराबरी के दर्जे पर आज़ादी से रह सकें।

–राष्ट्र के नाम संदेश (26 जनवरी, 1966)

अच्छा

अच्छा वही है जिसके द्वारा सभी प्राणियों का भला उत्कृष्ट रूप से सुनिश्चित हो सके।

–बेलग्रेड में व्याख्यान (8 जून, 1983)

अतीत व वर्तमान

गौरवशाली अतीत पर ही कोई देश निर्भर नहीं कर सकता। जीवन में सफल होने के लिए हर एक व्यक्ति को बिना इसकी परवाह किए कि उसका संबंध किस

वर्ग से है, अपनी योग्यता का निरंतर विकास करने तथा राष्ट्र की प्रगति में अपना अधिक से अधिक योगदान देने के लिए तैयार रहना चाहिए।

–सातवें अखिल भारतीय मुस्लिम शिक्षा सम्मेलन में भाषण (नई दिल्ली, 30 मार्च, 1984)

अपने विषय में

पशुओं के साथ मेरे प्रथम संबंध साँपों के साथ से शुरू हुए, क्योंकि मेरे मामा न केवल एक उत्सुक वनस्पतिशास्त्री थे बल्कि उन्हें साँपों से भी लगाव था। जब मैं करीब छः साल की थी तब दिल्ली में नानी के घर ठहरने आया करती थी। जो कुछ भी खोलें, उसमें से साँप निकल पड़ता चाहे वह सिगरेट की डिब्बी हो, दराज़ हो या फिर गुसलखाने का पाइप हो, हालाँकि मेरी नानी को यह सब अच्छा नहीं लगता था।

–मुम्बई प्रकृति-विज्ञान संस्था के शताब्दी समारोह के अवसर पर (मुम्बई, 15 सितम्बर, 1983)

मेरी जड़ें भारतीय संस्कृति में बहुत गहरी हैं, क्योंकि मेरी सम्पूर्ण शिक्षा और लालन-पालन इसी दृष्टि से हुआ। मैं एक ऐसे परिवार की हूँ जो जनता और देश के हित में पूरी तरह से संलग्न था। साथ ही मेरा लालन-पालन ऐसे ढंग से हुआ कि मैं अपने आपको सम्पूर्ण विश्व की नागरिक मानूँ। इसलिए मुझे विभिन्न संस्कृतियों में बहुत ज्यादा अंतर नहीं दिखाई देता। उनमें भिन्नता तो होती है, लेकिन आप हमेशा ही कुछ समान बातें भी पा सकते हैं। अतः मैं किसी चीज को केवल उसी आधार पर पसंद नहीं करती कि वह भारतीय है या गैर-भारतीय है। मैं कुछ ऐसी चीजों को पसंद करती हूँ, जो भारतीय हैं और कुछ ऐसी चीजों को भी जो भारतीय नहीं हैं।

–फ्रैंच नेशनल रेडियो के श्री जों पेज्यू को दी गई भेंटवार्ता से (नई दिल्ली 12 फरवरी, 1971)

मेरे पास इतनी अक्ल है, ऐसी निगाह है कि मैं सुन सकूँ कि मेरी जनता क्या कह रही है और अगर आप शांति और व्यवस्था के साथ रहना चाहते हैं, तो मैं कहूँगी कि आप भी ऐसा ही करें।

–अहमदाबाद, मिल ओनर्स एसोसिएशन में भाषण (24 जनवरी, 1970)

अशांति और हिंसा

अशांति और हिंसा में किसी का भी फायदा नहीं है, सिवाय उनका जो भारत

की एकता और अखण्डता को नुकसान पहुँचाना चाहते हैं।

–आकाशवाणी और दूरदर्शन से प्रसारण (2 जून, 1984)

अमीर–गरीब

यह अमीरों का स्वभाव है कि वे कहें कि गरीब लापरवाह और निकम्मे हैं।

–जनसंख्या एवं विकास पर सांसदों के एशियाई फोरम के प्रथम सम्मेलन में उद्घाटन भाषण (नई दिल्ली, 17 फरवरी 1984)

असफल

कोई भी ऐसा देश जो अपनी उन्नति का संकल्प कर लेता है और इस काम को मिलकर करने के लिए दृढ़प्रतिज्ञ होता है, कभी भी असफल नहीं हो सकता।

–लोकसभा में अविश्वास प्रस्ताव पर हुई बहस (7 नवम्बर, 1966)

अहिंसा

अहिंसा कायरता या समर्पण नहीं है। इसके विपरीत किसी काम का बीड़ा उठाने वाला जब निहत्था होता है जो उसको अधिक दृढ़ निश्चय, अनुशासन और साहस की आवश्यकता होती है।

–बेलग्रेड में व्याख्यान (8 जून, 1983)

आज़ादी

आज़ादी का अर्थ केवल अपनी सरकार होना नहीं होता, बल्कि उसका अर्थ होता है कि हम निर्णय स्वयं कर सकें। हो सकता है कि वे निर्णय गलत हों, लेकिन वे हमारे फैसले, भारत के फैसले होने चाहिएँ।

–अहमदाबाद मिल ओनर्स एसोसिएशन में भाषण (24 जनवरी, 1970)

आज़ादी केवल एक दफा पाने से रह नहीं जाती है, हर समय उसके लिए लड़ना होता है। इस आज़ादी की लौ को हर तूफान से हमें बचाना है, हर हवा से बचाना है, अपने परिश्रम से बचाना है।

–लाल किले की प्राचीर से (15 अगस्त, 1984)

आत्मनिर्भरता का मतलब यह नहीं कि हम अन्य लोगों या बाहरी विचारों से अलग–थलग रहें। इसका अर्थ यह है कि जाने–पहचाने ज्ञान को प्राप्त किया जाए और जो कुछ बाहर हो चुका है उसे अपने देश के अनुकूल बनाया जाए।

–विज्ञान नीति न्यास में भाषण (लंदन, 26 मार्च, 1982)

एक राष्ट्र होने के नाते हमें अपनी प्राचीन नैतिकता को अवश्य प्रोत्साहन देना चाहिए और कमज़ोर वर्गों और अन्य लोगों को आत्मनिर्भर बनाने के प्रयास करने चाहिएँ।

–मुख्यमंत्रियों के सम्मेलन में भाषण (4 अप्रैल, 1983)

किसी राष्ट्र की ताकत का रहस्य अंततः यह है कि वह स्वयं क्या कुछ कर सकता है, न कि यह कि वह औरों से क्या उधार ले सकता है।

–चौथी पंचवर्षीय योजना की भूमिका (18 जुलाई, 1970)

अस्पताल

एक अच्छा अस्पताल एक बड़े वृक्ष की तरह से है, जो सुरक्षा रूपी विशाल छाया प्रदान करता है, जैसे कि मध्ययुग में चर्च या मन्दिर करते थे।

– एम्स (नई दिल्ली, 23 मार्च, 1968)

आदतें

कई पीढ़ियों से चली आ रही आदतें हमें एक ऐसे सीमित दायरे में घुमाने लगती हैं जो किसी भी प्रकार के परिवर्तन को स्वीकार नहीं करना चाहतीं।

–स्वामी रंगनाथन की पुस्तकों का विमोचन करते हुए भाषण (दिल्ली, 4 जून, 1971)

आधुनिक इतिहास

आधुनिक इतिहास राजवंशों का इतिहास नहीं है बल्कि उन्नति का इतिहास है। भारत को अपनी सभ्यता के अनुरूप आगे बढ़ाना चाहिए पर इसके साथ ही हमें अपनी सभ्यता की आधुनिक संदर्भ में व्याख्या करनी चाहिए ताकि इसका अर्थ आज के सामान्य स्त्री-पुरुषों की समझ में आ सके।

–राष्ट्रीय एकता परिषद् में भाषण, (20 जून, 1968)

आधुनिकता

आधुनिकता के माने यह नहीं है कि हम दूसरे देशों की नकल करें, इसके माने है कि अगर दूसरे देशों में कुछ अच्छा काम हुआ है, चाहे वह विज्ञान का हो, या कोई दूसरा हो तो उनसे हम सीखें। लेकिन अपने दिमाग से भी विचार निकालने हैं और जो हम बाहर से सीखें, उसको आगे बढ़ाना है। अब क्या होता है कि बाहर से हम कोई विचार लेते हैं तो वहीं अटक जाते हैं। तो यह ऐसा काम है, जो किसी

सरकार या हुक्म से नहीं होता है। हमारे नौजवानों में खुद यह भावना पैदा हो कि हमें इस देश को, कौम को, जनता को ऊपर उठाना है।

–दिल्ली में नये यमुना सेतु का शिलान्यास करने के अवसर पर (29 अगस्त, 1983)

आशा और विश्वास

हमें याद रखना चाहिए कि दुनिया में एक ही बात का महत्त्व होता है–आशा और विश्वास का, भले ही आप कितने गिरे हुए क्यों न हों, कितने गरीब क्यों न हों, कितने टूटे हुए क्यों न हों।

–अविश्वास प्रस्ताव पर हुई बहस (4 अगस्त, 1966)

इन्तज़ार

हमें दूसरों का इन्तज़ार करने के बजाय खुद पहले आगे बढ़ना चाहिए। इसके लिए कुछ नैतिक साहस और व्यक्तिगत सुविधा और आराम जैसी छोटी-मोटी बातों की परवाह न करने की जरूरत होती है।

–पंचमढ़ी में युवक सम्मेलन में भाषण (11 जून, 1966)

उत्तरदायित्व

केवल निपट स्वार्थियों को छोड़कर सभी किसी न किसी के प्रति उत्तरदायित्व अनुभव करते हैं, चाहे परिवार के प्रति हो, कबीले के प्रति हो, राष्ट्र के प्रति हो या उदारता की पराकाष्ठा पर मानवता के प्रति हो।

–फिजी में डाक्टरेट की सम्मानार्थ डिग्री प्रदान किए जाने पर (26 दिसम्बर, 1981)

उपलब्धि के लिए संघर्ष

कोई भी उपलब्धि कभी आसानी से नहीं मिलती। अगर आपको कोई वस्तु जल्दी या सस्ते में ही मिल जाती है, तो जल्दी ही आपको लगने लगता है कि इसमें कुछ कमी रह गई है। जीवन की सभी उत्तम वस्तुएँ, चाहे स्वतन्त्रता हो या समानता या भ्रातृत्व, ये सब दुनिया भर में संघर्ष, पसीने, आँसू और यहाँ तक कि लहू की कीमत पर मिले हैं।

–विश्वभारती शांतिनिकेतन में दीक्षांत भाषण (2 फरवरी, 1971)

जो भी उन्नति देश में हो, किसी भी दिशा में हो; वह तब हो सकती है जब

देश में एकता हो, शांति हो, अच्छी आर्थिक स्थिति हो और राजनीतिक स्थिरता हो।

–लाल किले से भाषण (15 अगस्त, 1968)

भारत में अलग-अलग जाति के लोग हैं, अलग-अलग धर्म के लोग हैं, अलग-अलग भाषा बोलने वाले लोग हैं, अलग–अलग प्रांत में रहने वाले लोग हैं। हम चाहते हैं कि उन सबके बीच में इस प्रकार का एक पुल हो। पुल नहीं दिखाई पड़ेगा ! क्या दिखलाई पड़ेगा ? मैत्रीभावना, भाईचारे की भावना। प्रेम और सहयोग के पुल हमें बनाने हैं।

दिल्ली में नये यमुना सेतु का शिलान्यास करने के अवसर पर
(29 अगस्त, 1983)

कला और मनोरंजन

आदमी को जिंदा रहने के लिए केवल रोटी की जरूरत नहीं, उसे कला और मनोरंजन की भी आवश्यकता है। व्यक्तिगत तौर से भी और सामाजिक तौर से भी, अभिव्यक्ति के लिए भी, अपने व्यक्तित्व के दूसरे पक्षों की अभिव्यक्ति तथा सम्पूर्ति के लिए भी। सांस्कृतिक आदान–प्रदान और सद्भाव की बुनियाद तैयार करके वह अन्य सम्पर्कों को आगे बढ़ा सकता है।

–अमरीका में भारतीय वाणिज्य मण्डल के सम्बन्ध में आयोजित भोज में भाषण
(न्यूयार्क, 2 अगस्त, 1982)

कौटिल्य

राजनीतिक अर्थव्यवस्था पर भारत की ही नहीं बल्कि विश्व की महानतम कृति 'कौटिल्य का अर्थशास्त्र' प्राचीन बिहार की ही देन है।

–ए. एन. सिन्हा समाजशास्त्र संस्थान के रजत जयन्ती समारोह के अवसर पर
भाषण (पटना, जनवरी 1984)

कवि

कवि के बिना तो कोई समाज जीवित रह नहीं सकता। हमारी आज़ादी की लड़ाई की कहानी में कविता और राष्ट्रगान का बड़ा योगदान रहा, भारत में और सभी देशों में। हमारे स्वतन्त्रता-संग्राम का इतिहास कवियों की गाथाओं से गुँथा हुआ है। हमारी प्रभात फेरियों में, दिन भर के जुलूसों और सभाओं में ऐसे जोशीले गाने पाँवों की थकावट और मन की चिन्ता मिटाते थे। इन गानों को जेलों में गाकर वहाँ हम रौनक लाते थे। जेलों की सलाखों के पार यह उत्साहिक शब्द ऊँची दीवारों से टकराते थे; यह साबित करने के लिए कि हमारे उत्साह को कोई बुझा

नहीं सकता, और न हमें अपने ध्येय से कोई मोड़ सकता है। आज भी मेरे कानों में वे आवाजें गूँज रही हैं।

–डॉ. बच्चन की कृतियों के संग्रह के विमोचन के अवसर पर (नई दिल्ली, 8 अगस्त, 1983)

कार्यशीलता

देश के भविष्य के निर्माण के भागीदार बनने की भावना हममें अवश्य रहनी चाहिए। हम सभी अच्छी दशा में काम करना पसन्द करते हैं, लेकिन हमें अच्छी परिस्थितियों की परवाह किए बिना काम करना चाहिए। मैं चाहूँगी कि हम विद्यार्थी कहें, 'चाहे कुछ भी हो, मैं अपने देश के लिए जीवित रहूँगा और ऐसे काम करूँगा जिससे मेरा देश आगे बढ़ सके और मैं इस पर अपनी छाप छोड़ सकूँ।' इस प्रकार के दृढ़ संकल्प के कारण हमें स्वतन्त्रता मिली थी और इससे मामूली स्त्री-पुरुष भी बहादुर बन गए थे। अब हमें नया संकल्प करना है।

–भारतीय कृषि अनुसंधान संस्थान में भाषण (10 फरवरी, 1968)

कृषि

खेतों में आत्मनिर्भर होने के मायने न सिर्फ अपनी बढ़ती हुई जनसंख्या को खाना देने में सफलता प्राप्त करना है, बल्कि हमें निर्यात के लिए भी ज़्यादा उपज करनी है। हमें जितनी जल्दी हो सके अपने देश में अपनी जरूरत भर का गल्ला पैदा करने की कोशिश करनी चाहिए। हमें ऐसे तरीके खोजने चाहिए, जिनसे हम अपने गाँव के लोगों को उत्साहित कर सकें और उनकी सारी शक्ति को निर्माण के कामों में लगा सकें। हमें गाँव के निर्माण में नयी जान डालनी है और खेत-मजदूरों की आमदनी बढ़ानी है।

–राष्ट्र के नाम सन्देश (26 जनवरी, 1966)

गरीबी

गरीबी एक भयावह स्थिति होती है जो लोगों में निराशा ले आती है और मुल्क को कमज़ोर करती है। इसलिए हमारा पहला काम है गरीबी हटाना। हमें अपने उद्देश्य को पाने के लिए सामाजिक और आर्थिक विषमताओं को दूर करना है।

–लाल किले की प्राचीर से (15 अगस्त, 1971)

गरीबी के विरुद्ध संघर्ष

एक लड़ाई हमारी सीमा पर है लेकिन दूसरी लड़ाई इतने ही महत्त्व की हमारे

देश में है। वह गरीबी से लड़ाई और पिछड़ेपन से लड़ाई है। वह लड़ाई हम कैसे लड़ें जब तक हम नए विचारों को न अपनाएँ, जब तक हम अपने बीच से अंधविश्वासों को मिटा न दें और जब तक हम निश्चय न कर लें कि जो हमें करना है, देश को आगे बढ़ाने के लिए, चाहे कितने त्याग की जरूरत हो, कितनी कठिनाई हो, उसको करने के हम तैयार हैं और हम में से हरेक उसकी ज़िम्मेदारी लेगा। यह ज़िम्मेदारी हरेक व्यक्ति की है और अब ऐसा समय आ गया है कि उस ज़िम्मेदारी को हम छोड़ नहीं सकते। हम देश के जीवन में दर्शक बनकर नहीं रह सकते, हम उसके सिपाही हैं।

–लाल किले की प्राचीर से (15 अगस्त, 1966)

गुटनिरपेक्षता

आज की तेज़ी से बदलती हुई दुनिया में शांतिपूर्ण सहअस्तित्व अब पहले से कहीं अधिक महत्वपूर्ण है और पुराने गठजोड़ों के टूटने तथा शक्ति के नए-नए केन्द्र उभरने के बावजूद गुटनिरपेक्षता का आज भी एक महत्त्व है। गुटनिरपेक्षता नए ढंग के गठजोड़ों से उत्पन्न तनाव को शांत करती है और भिन्न-भिन्न सिद्धान्तों के अनुसार बने शक्ति गुटों से अलग होने की क्रिया को आसान बनाती है। यह स्वतंत्र राष्ट्रों को बाहरी दबाव के विरुद्ध बल देती है। गुटनिरपेक्षता का व्यवहार सबसे मैत्री के सिद्धान्त के अनुरूप है।

–आकाशवाणी से प्रसारण (7 जुलाई, 1966)

छात्रों से

जो अभी अध्ययन कर रहे हैं, उनसे मैं यह कहना चाहती हूँ कि जीवन ऐसी परीक्षा नहीं है, जो यहाँ आप स्कूलों और कॉलेजों में देते हैं। यह तो एक लगातार चलने वाली परीक्षा है, यह तो एक लगातार चलने वाली चुनौती है। लगभग रोजाना ही आपको अपने जीवन में कोई न कोई फैसला करना होता है, कुछ पसंद करना होता है और उस पसंद के लिए साहस जुटाना पड़ता है। बौद्धिक साहस एक सही फैसले के लिए, नैतिक और भौतिक साहस, जिसमें आप उस मार्ग का अनुसरण कर सकें, जिसे आपने अपने लिए चुना है।

–विश्वभारती, शान्तिनिकेतन में दीक्षान्त भाषण (17 दिसम्बर, 1983)

जनतंत्र

सच्चा जनतंत्र सबके लिए सद्‌भाव और सहनशीलता के बिना नहीं चल सकता। सहनशीलता या सद्‌भाव केवल उसी के प्रति नहीं जो आपको अच्छा लगे,

बल्कि जैसा कि मेरे पिता कहा करते थे, ''उसके लिए भी जो आपको अच्छा न लगे।''

–गोपालकृष्ण गोखले की जन्म–शताब्दी के अवसर पर (नई दिल्ली, 9 मई, 1966)

जनसंख्या-नियंत्रण

एक माँ और शासनाध्यक्ष के रूप में मैं प्यार के प्रति बच्चे के अधिकार, सावधानीपूर्वक देखभाल और आवश्यक सेवाओं तथा माताएँ जिस भार को वहन करती हैं, उनसे भी भली–भांति परिचित हूँ। यदि हम परिवार को सीमित करने के पक्ष में हैं तो वह इसलिए कि हमें माता के स्वास्थ्य का ध्यान है, क्योंकि हम अपने बच्चों को प्यार करते हैं और चाहते हैं कि एक ऐसे विश्व में बच्चों को अपने व्यक्तित्व के पूर्ण विकास के अवसर प्राप्त हों, जिसकी नींव शांति, समृद्धि और मानवीय मूल्यों पर टिकी है। इसके लिए हमें देश में शांति चाहिए हमें पारिवारिक और आपसी शांति चाहिए और साथ ही विश्व में भी शांति चाहिए।

–जनसंख्या एवं विकास पर सांसदों के एशियाई फोरम के प्रथम सम्मेलन में उद्घाटन भाषण (नई दिल्ली, 17 फरवरी, 1984)

जनसंख्या-वृद्धि

जनसंख्या–वृद्धि को रोकने और लगातार विकास को बढ़ावा देने के आंदोलन में युवा लोगों को आगे आना चाहिए। स्कूलों और कॉलिजों में तथा अनौपचारिक शिक्षा के माध्यम से उनमें जनसंख्या-वृद्धि के परिणामों के बारे में जागरूकता होनी चाहिए जो उनके अपने भविष्य और राष्ट्र के भविष्य पर बुरा प्रभाव डाल सकते हैं। सोच–समझकर बनाए गए जनसंख्या–शिक्षण कार्यक्रमों को विभिन्न स्तरों पर लागू किया जाना चाहिए ताकि विवाह के समय युवक आने वाली पीढ़ी और समाज के प्रति अपनी ज़िम्मेदारियों के बारे में जागरूक रहें। हर अवसर और त्योहार पर जहाँ लोग इकट्ठे होते हैं, चाहे वह धार्मिक उत्सव हो या दूसरा, वहाँ इन कार्यक्रमों का महत्त्व समझाने का बेहतरीन मौका मिलता है।

–जनसंख्या एवं विकास पर सांसदों के एशियाई फोरम के प्रथम सम्मेलन में उद्घाटन भाषण (नई दिल्ली, 17 फरवरी, 1984)

जागृति

अगर सारा देश उठता है तो उसमें हम भी उठेंगे, हम न भी चाहें तो भी उठेंगे और देश अगर गिरता है, कमज़ोर होता है तो कितना भी कोई बड़ा आदमी

क्यों न हो वह आगे नहीं बढ़ सकता है। वह भी कमज़ोर रहेगा दुनिया के मुकाबले में।

–दिल्ली में नये यमुना सेतु का शिलान्यास करने के अवसर पर
(29 अगस्त, 1983)

ज्ञान-विज्ञान

ज्ञान और विज्ञान, मानव जाति और उसके भविष्य की सर्जना के साधन हैं। इन्हें तेज़ रखना और पूर्णता में उपस्थित करना शिक्षाशास्त्रियों का काम है। शिक्षा मानव के मंगल और कल्याण का अनन्यतम साधन है। मंगल का अर्थ प्रगति और कल्याण का अर्थ उन्नति होता है। प्रगति भौतिक होती है और उन्नति आध्यात्मिक। दोनों का योग, मेरी दृष्टि में, शिक्षा को महान् बना सकेगा और इस पर शिक्षाशास्त्रियों को सोचना और अमल में लाना चाहिए।

–गोरखपुर विश्वविद्यालय की रजत जयन्ती के अवसर पर (11 नवम्बर, 1983)

तीन महान् शिक्षक

मुझे कई महान व्यक्तियों के संपर्क में रहने का गौरव प्राप्त है, जिन की ख्याति केवल देश तक ही नहीं, विदेशों तक व्याप्त थी। हमारी सांस्कृतिक परम्पराओं की जड़ें बहुत गहरी हैं, इसके बावजूद हमने सदा भविष्य का चिन्तन किया है। मेरे महान गुरुओं में सब से पहले थे गुरुदेव टैगोर, जिनके विश्वविद्यालय शांतिनिकेतन में मैंने एक वर्ष बिताया। एक राष्ट्रपिता महात्मा गांधी थे। उनकी प्रार्थना सभाओं में विभिन्न विषयों पर चर्चा की जाती थी। उनमें से कुछ तो देखने में बड़ी सामान्य लगती थीं, लेकिन वे किसी भी पदार्थ अथवा किसी भी व्यक्ति को क्षुद्र नहीं समझते थे।

विश्व के विभिन्न भागों में गांधी जी के घनिष्ठ मित्रों, राजनीतिज्ञों, लेखकों, दार्शनिकों, वैज्ञानिकों में से मेरे पिता एक थे। वे भी एक सच्चे शिक्षक थे, जिनकी भाषा बड़ी सरल थी, चाहे वह राजनीतिक, आर्थिक, वैज्ञानिक या विदेश नीति पर हो, यहाँ तक कि निरक्षर ग्रामीणों के लिए भी।

–फिजी में डाक्टरेट की सम्मानार्थ डिग्री प्रदान किए जाने पर
(26 सितम्बर, 1981)

दंगे

अधिकांश दंगे मुट्ठी भर व्यक्तियों या कभी-कभी एक व्यक्ति द्वारा भड़काए जाते हैं। किन्तु अविश्वास और पूर्वाग्रह के वातावरण की वजह से अथवा जाति,

धर्म या भाषा के प्रति संकीर्ण लगाव के कारण व्यक्तिगत झगड़े सामूहिक संघर्ष में बदल जाते हैं।

–राष्ट्रीय एकता परिषद् में (12 नवम्बर 1980)

तानाशाही

तानाशाही एक छोटी अवधि के लिए ही हो सकती है। इससे विकास कुछ तेज़ होता है। पर इतिहास इस बात को प्रमाणित करता है कि ऐसे छोटे रास्ते, जितनी समस्याओं को सुलझाते हैं, उससे अधिक समस्याओं को जन्म देते हैं।

–मैड्रिड, स्पेन के 'रेविस्ताद ओक्सीदेंत' में प्रकाशित भेंटवार्ता (19 मार्च, 1968)

दिखावा

धन–सम्पत्ति के दिखावे के लिए प्रदर्शन ही सामाजिक तनावों को जन्म देता है।

–इंडियन मर्चेंट्स ऑफ चैम्बर में भाषण (मुम्बई, 25 अक्टूबर, 1967)

देश की एकता

हमारा दल या हमारी राजनीतिक विचारधारा कुछ भी क्यों न हो, हमें सुरक्षा के उद्देश्य से देश की एकता और प्रादेशिक अखंडता की खातिर एक रहना है। आज हमारा एक ही नारा होना चाहिए और वह है : हम एक हों, हम साहसी हों, और हम आगे बढ़ें।

–लाल किले की प्राचीर से (15 अगस्त, 1971)

देश की नीतियाँ

किसी भी देश की नीतियाँ उसके राष्ट्रीय हितों से प्रेरित होती हैं और उनके पीछे उस देश की परम्पराएँ, विरासत तथा जनता की जरूरतें हुआ करती हैं। विदेशी–नीति आन्तरिक क्रियाकलापों का ही प्रतिबिम्ब होती है। क्या हम अपने राष्ट्रीय उद्देश्यों की प्राप्ति, उन्हें कतिपय सामूहिक हितों से समेकित करके तथा औरों के साथ सहयोगपूर्वक नहीं हर सकते, जिससे हम सम्पूर्ण समुदाय के रूप में लाभ उठा सकें ? हम समझते हैं कि यह हो सकता है और किया जाना चाहिए। शांति और सहयोग की हमारी विदेश नीति, जो सह–अस्तित्व और गुट–निरपेक्षता पर आधारित है, इन्हीं उद्देश्यों की ओर उन्मुख है।

–अंतरसंसदीय यूनियन के 57वें सम्मेलन में भाषण

(नई दिल्ली, 31 अक्टूबर, 1969)

नियम-विनियम

नियम-विनियमादि के बिना तो शायद कोई भी सरकार नहीं चल सकती। लेकिन ये नियमादि जड़ नहीं हो सकते। उन्हें बदलती हुई परिस्थितियों के अनुकूल होना चाहिए। हम ऐसी स्थिति को सन्तोषजनक नहीं मान सकते जिसमें तथाकथित 'मौलिक नियमों' या 'सिविल सेवा नियमों' को बदलने की बजाय संवैधानिक प्रावधानों में संशोधन अधिक आसान हो।

–इण्डियन इंस्टीट्यूट ऑफ पब्लिक एडमिनिस्ट्रेशन की वार्षिक बैठक में भाषण
(नई दिल्ली, 22 अक्टूबर, 1971)

निर्बलों के लिए

अँधेरे से भारत निकला। शायद पहली दफा इन पिछले तीन-चार साल में हम और आप सूर्य की रोशनी में बैठे हैं और यह रोशनी है जो हमारे देश को उजाला दे रही है। लेकिन जहाँ बहुत क्षेत्रों में, बहुत घरों में, चन्द शहरों में उजाला है, हम कैसे भूलें कि बहुत से अँधेरे घर और भी हैं। हम कैसे भूलें उन किसानों को जिनकी जमीन पर सिंचाई नहीं होती ? हम कैसे भूलें अपने उन करोड़ों हरिजन भाई-बहनों को या पिछड़ी जाति के भाई-बहनों को या उन्हें जो पहाड़ में रहते हैं या उन्हें जो जंगल में रहते हैं, हमारे आदिवासी भाई और बहन, उनके घरों में यह आज़ाद भारत का उजाला वैसे नहीं चमक रहा है जैसी हमारी आशा थी, जैसा हमने उनको वायदा किया था कि आज़ादी के बाद उनको रोशनी मिलेगी।

–लाल किले की प्राचीर से (15 अगस्त, 1966)

परिवार-नियोजन

परिवार-नियोजन का मतलब केवल आबादी कम करना या जन्म-दर को घटाना ही नहीं है बल्कि इसका मतलब है बेहतर परिवार और ऐसे परिवार का निर्माण जिसमें माता-पिता अपनी सन्तानों की जरूरतों पर पूरा-पूरा ध्यान दे सकें।

–भारतीय बाल-कल्याण परिषद् की वार्षिक बैठक, नई दिल्ली
(3 अप्रैल, 1967)

परिश्रम

किसी भी समाज ने तभी उन्नति की है, चाहे वह पूँजीवादी समाज हो अथवा समाजवादी, जब उसके लोगों ने जी-तोड़ मेहनत की, हर कदम पर कष्टों का

सामना किया, कभी हतोत्साहित नहीं हुए, जोख़िम उठाए, गलतियाँ कीं और उनसे सबक सीखा, तभी वे उन्नति की चोटी पर चढ़े।

–विश्वभारती, शांतिनिकेतन में दीक्षांत भाषण (15 फरवरी, 1969)

पुलिस

पुलिस को भी जनता के सहयोग की जरूरत है। अगर उसे हमेशा ही जनता का शत्रु समझा गया, तो वह हमेशा ही उस ढंग से आचरण करने से कठिनाई महसूस करेगी जो सभी के प्रति सहानुभूति और मित्रता के अनुरूप हो।

–लोकसभा में गृह मन्त्रालय के खर्चे की माँगों पर बहस का उत्तर (24 जून, 1971)

पेड़

पेड़ मनुष्य के लगभग सबसे अधिक विश्वस्त मित्र हैं और जो देश अपने भविष्य को सँवारना–सुधारना चाहता है उसे चाहिए कि वह अपने वनों का अच्छी तरह ध्यान रखे।

–देहरादून के अनुसंधान संस्थान में वानिकी शिक्षा शताब्दी समारोह में भाषण (19 दिसम्बर, 1981)

बचत

हमें जो संदेश देश के कोने–कोने में पहुँचाना है, वह यह कि अधिक–से–अधिक बचत की जाए और बचत का पैसा बैंकों में जमा किया जाए।

–बैंकर्स क्लब में भाषण (चेन्नई, 5 अक्टूबर, 1969)

बालरोगों की रोकथाम

जब माँ–बाप को अपने दो बच्चों के सकुशल रहने का पूरा भरोसा होगा तो वे अपना परिवार छोटा रखना चाहेंगे। इसलिए बालरोगों की रोकथाम और इलाज का महत्त्व बढ़ गया है। पौष्टिकता और रोग निवारण पर विशेष ध्यान दिए जाने की आवश्यकता है।

–जनसंख्या एवं विकास पर सांसदों के एशियाई फोरम के प्रथम सम्मेलन में उद्घाटन भाषण (नई दिल्ली, 17 फरवरी, 1984)

बुद्धि

दर्शन में और इससे भी बढ़कर विज्ञान में सत्य की खोज वे करते हैं जो

विलक्षण बुद्धि से काम लेते हैं।

–भारतीय विज्ञान कांग्रेस के 71वें अधिवेशन में उद्घाटन भाषण (राँची, 3 जनवरी, 1984)

भविष्य

भविष्य का बोझ वर्तमान से बड़ा होता है।

–गोरखपुर विश्वविद्यालय की रजत जयन्ती के अवसर पर (11 नवम्बर, 1983)

भारत की एकता

सावधान रहें हम ऐसी बातों से—जिनसे आपसी फूट पड़ती है और जो देश को कमज़ोर करती हैं। अपने देश की रक्षा के लिए हमें एक साथ रहना है। भारत की एकता और अखंडता के लिए हमें एक जुट रहना है। हमें अपने देश को मजबूत और उन्नत बनाने के लिए मिल-जुलकर काम करने की जरूरत है। देश की मजबूती पर ही हरेक व्यक्ति, हरेक वर्ग और हरेक प्रदेश निर्भर है और लाभ उठा सकता है। ऐसा ही शक्तिशाली और स्थिर भारत शांति और मैत्री का अग्रदूत बनेगा।

–राष्ट्र के नाम संदेश (15 जनवरी, 1984)

भारत के आदर्श

जो भारत के पुराने आदर्श थे उनको हम भूल रहे हैं। हम धर्म का नाम लेते हैं, परम्परा का लेते हैं लेकिन उसका जो मूल है, उसका जो बीज है, जो उसकी जड़ है यानी अच्छाई, उपकार, दूसरे की तरफ ध्यान देना, मदद देना और सबसे ज़्यादा शांति का वातावरण रखना, इन सब आदर्शों को हम भूल रहे हैं इनको भूल जाएँगे तो हम कैसे आगे बढ़ेंगे।

–लाल किले की प्राचीर से (15 अगस्त, 1984)

भारतीय नारी

हमारे देश की स्त्रियों को अपने पुरुष वर्ग के विरुद्ध संघर्ष नहीं करना पड़ा, जैसा पश्चिम में मताधिकार आन्दोलन में स्त्रियों को करना पड़ा था। हमारे देश की स्त्रियाँ आज़ादी और बुनियादी अधिकारों के लिए पुरुषों के साथ कंधे से कंधा मिलाकर लड़ीं। जब हमें अपमानित किया जाता या मारा-पीटा जाता या जेलों में डाला अथवा फांसी चढ़ाया जाता, तब कोई हमारे ऊपर स्त्री होने के कारण दया भाव नहीं दिखाता था। आज़ादी की लड़ाई में कष्टों और बलिदानों में पूरा हिस्सा बँटाया है। तो क्या हमें आज़ादी के फल में भी पूरा हिस्सा नहीं बँटाना चाहिए ?

स्त्री-पुरुष की समानता हमारे संविधान में निहित है।

–मैड्रिड, स्पेन के 'रेविरता द ओक्सीदेंत' में प्रकाशित भेंटवार्ता
(19 मार्च, 1968)

भाग्य

मुझे केवल भाग्य में विश्वास नहीं है। भाग्य भी उन्हीं का साथ देता है जो अपने चरित्र की दृढ़ता से उसे अपने निकट खींचकर रख सकते हैं। वह कोई ऐसी चीज़ नहीं है जो खिड़की के बाहर से पंख फड़फड़ाते हुए प्रविष्ट होती हो। आपको खून-पसीना एक करना होगा ।

–एक संवाददाता सम्मेलन में प्रश्नों के उत्तर से (नई दिल्ली, 31 दिसम्बर 1971)

भारतीय शिक्षा-प्रणाली

मैं उन व्यक्तियों में से हूँ जो भारतीय शिक्षा-प्रणाली की आलोचना करते हैं और यह विश्वास रखते हैं कि इसमें सुधार की बहुत आवश्यकता है। फिर भी मैं यह मानती हूँ कि अपनी सभी खामियों के बावजूद इस प्रणाली ने वैज्ञानिक और अन्य उत्कृष्ट व्यक्ति पैदा किए हैं और यह क्रम अभी जारी है।

–भारतीय विज्ञान काँग्रेस के 71वें अधिवेशन में उद्घाटन भाषण
(राँची 3 जनवरी, 1984)

भारतीय संस्कृति

अतीत काल से ही भारतीय संस्कृति की भावना नकारात्मक या अलगाव की न होकर आत्मसातीकरण और संश्लेषण की रही है।

–अंतरसंसदीय यूनियन के 57वें सम्मेलन में भाषण
(नई दिल्ली, 13 अक्टूबर, 1969)

लेखक

लेखक चाहे राजनीति में आएं, लेखक चाहे राजनीति में न आएं, जीवन की चुनौतियों और जोखिमों को वे नज़रअंदाज नहीं कर सकते। वे जनता के सुख-दुख की उपेक्षा नहीं कर सकते, अन्यथा वे किस प्रकार के साहित्य का सृजन करेंगे? क्या उन्हें अपने काव्य और निबंधों, अपने नाटकों और उपन्यासों द्वारा मानव-जीवन को समृद्ध नहीं करना चाहिए ?

–चौथे ऑफ-एशियाई लेखक सम्मेलन में भाषण
(नई दिल्ली, 17 नवम्बर 1970)

युवक-युवतियाँ

हमारे देश के नौजवान लड़के-लड़कियों को भी और ज्यादा अवसर मिलने चाहिए। साथ ही उनको यह भी समझना चाहिए कि वे देश को जो आज देंगे, वही कल उनको मिलेगा। देश उनसे यह उम्मीद रखता है कि उनके हौसले ऊँचे हों, आकांक्षाएँ बड़ी हों और वे बड़े काम करें।

–लोकसभा में हुई बहस के उत्तर से (1 मार्च, 1966)

युवा

हमारे नौजवान अपना काम आप चलाने की कोशिश करें। उन्हें अधिकाधिक संख्या में अपने ही काम-धंधे शुरू करना चाहिए, जिन्हें वे सुरक्षित समझते हैं।

–युवा उद्यमियों की राष्ट्रीय सहयोग-संस्था में भाषण
(मुम्बई, 25 अक्टूबर, 1969)

विज्ञान और तकनीकी

इतिहास, संस्कृति और मनुष्य की आकांक्षाएँ समझे बिना विज्ञान मानव का कल्याण नहीं कर सकता। इसलिए यह आवश्यक है कि भौतिक विज्ञान और तकनीकी मानसिक और सामाजिक विज्ञान के साथ मिलकर काम करें और उनके सारे प्रयास नैतिक मूल्यों और सामाजिक उद्देश्यों की ओर उन्मुख हों।

–वाराणसी में भारतीय विज्ञान कांग्रेस के वार्षिक अधिवेशन में
(3 जनवरी, 1968)

संस्कृति

संस्कृति ऐसी वस्तु नहीं जो बाहर से थोपी जा सके, वरन् यह तो स्वतः जन-मानस से ही उपजनी चाहिए।

–बंगलौर में भारतीय विज्ञान कांग्रेस के 58वें वार्षिक अधिवेशन के अवसर पर
पढ़कर सुनाया गया उद्घाटन भाषण (3 जनवरी, 1971)

सत्य

सत्य की मूल खोज कालातीत है और किसी भी युग में वह सामयिक ही रहेगी।

–शिक्षाविदों और छात्र नेताओं की समिति के सामने उद्घाटन भाषण
(नई दिल्ली, 16 जनवरी, 1970)

विश्वशांति

अंतर्राष्ट्रीय सहयोग एक प्रगतिशील अर्थव्यवस्था एवं लोकतंत्री समाज के निर्माण के भारतीय प्रयासों के अंतर्गत एक संघटक तत्त्व है। यही कारण है कि आज़ाद होने के बाद हमने विश्व-शांति और विश्व-सहयोग को भारत के उज्ज्वल राष्ट्रीय हित के रूप में स्वीकार किया है।

–रॉयल इंस्टीट्यूट ऑफ इन्टरनेशनल रिलेशंस में भाषण
(लन्दन, 29 अक्टूबर, 1971)

सद्‌भाव

महात्मा गांधी ने एक बार कहा था और मेरे पिता भी जिसे बराबर दोहराया करते थे कि हमें भारत में हरेक की आँख का आँसू पोंछने के लिए काम करना है। वास्तव में, यह एक बड़ा काम है और इसका किसी भी देश में पूरा हो पाना सम्भव नहीं।

–राष्ट्रपति जानसन द्वारा दिए गए राजकीय भोज में भाषण
(वाशिंगटन, 26 मार्च, 1966)

स्वच्छता

प्रत्येक नागरिक का कर्तव्य है कि वह अपने देश को स्वच्छ और सुन्दर रखने के लिए सतर्क रहे। यह आश्चर्यजनक ही है कि जिस देश में धर्म ने स्वच्छता को इतना ज़्यादा महत्त्व दिया है, जैसे खाना, स्नान, हाथ-पाँव धोने आदि को, वहाँ हमें लोगों से अपील करनी पड़ती है कि वे अपने नगरों और गाँवों को स्वच्छ-साफ रखने की कोशिश करें।

–आंध्र प्रदेश के विधायकों के बीच भाषण (हैदराबाद, 26 जुलाई, 1972)

अंतर्राष्ट्रीयता

सारी मानव जाति एक है, परंतु उसकी पृष्ठभूमि अलग-अलग है। वह ऐतिहासिक उन्नति की विभिन्न मंज़िलों पर है और पृथक राजनीतिक विचार रख सकती है। यह विभिन्नता संसार के अस्तित्व के लिए आवश्यक है। एकरूपता के सिद्धांतों को जबरदस्ती लादने के प्रयास न केवल असफल हुए हैं, बल्कि शांति के लिए खतरा साबित हुए हैं। हमारी सभी नीतियाँ इस सत्य पर आधारित हैं। चाहे कुछ लोग सह-अस्तित्व को एक घिसी-पिटी बात मानें, किंतु यही अंतर्राष्ट्रीय संबंधों का ठोस आधार है। वर्तमान की असलियतों में

इसकी जड़ जम चुकी है और मानव जाति के जीवित रहने की बुनियाद है।

–सोवियत प्रधानमंत्री श्री कोसीगिन को दिए गए भोज में भाषण
(नई दिल्ली, 25 जनवरी, 1968)

अंतर्राष्ट्रीय मतभेद

अंतर्राष्ट्रीय मतभेदों को सुलझाने के लिए शक्ति के प्रयोग में हम विश्वास नहीं रखते। पर यदि कोई शक्ति हमें दबाना चाहे तब तो हम उसका पूरा मुकाबला करेंगे। भारत को किसी की भूमि का लोभ नहीं है। हम किसी भी राष्ट्र के आंतरिक मामलों में हस्तक्षेप नहीं करना चाहते और न अपने विचार और अपनी नीतियों से किसी देश को जबर्दस्ती प्रभावित करना चाहेंगे। हम प्रत्येक राष्ट्र की स्वाधीनता में विश्वास रखते हैं। शांति के साथ मिलजुल कर रहने की यह हमारी नीति नई नहीं है। यह हमारी परंपरा पर आधारित है। यह विश्वास हमें बुद्ध, गांधी और नेहरू से मिला है। भारत में हम एक नया समाज बनाने में जुटे हैं। लोकतंत्र और समाजवाद के आधार पर। हमारा विश्वास है कि सभी वर्गों को समान अवसर और अधिकार देकर असमानता का अंत करने से ही जनता को पूरा लाभ मिलेगा।

–नेपाल के महाराजाधिराज द्वारा दिए गए राजकीय भोज में भाषण
(काठमांडू, 4 अक्टूबर, 1966)

अंधविश्वास

अगर हम अंधविश्वास से पार नहीं पा सकते तो हमें अंधविश्वास से काम लेना है। बहुत से अंधविश्वास जो हमने पाले हुए हैं, उनके पीछे धार्मिक सिद्धांतों का व्यावहारिक आधार है। यह कहना आसान है कि भगवान् की मर्जी है, बजाय इसके यह कहना कि यह मेरी मर्जी है। जब आप कोई बात भगवान् के नाम से करते हैं या किसी छोटे-मोटे देवी-देवता का नाम उसके साथ जोड़ देते हैं तो इससे कोई फर्क नहीं पड़ता बशर्ते इसके कि किसी क्षेत्र-विशेष के लोगों की आवश्यकताएँ पूरी की जा सकें।

–वैज्ञानिक और औद्योगिक परिषद् की प्रयोगशाला में भाषण
(नई दिल्ली, 3 जुलाई, 1982)

अधिकारी

एक ऐसा अधिकारी जिसे धर्मनिरपेक्षता में विश्वास ही नहीं है, सांप्रदायिक समस्या से नहीं निपट सकता। हम सबकी देश के विकास के प्रति वचनबद्धता

होनी चाहिए और अपने देशवासियों के कल्याण के बारे में निजता का भाव होना चाहिए।

–इंस्टीट्यूशन ऑफ इंजीनियर्स के स्वर्ण–जयंती अधिवेशन में भाषण
(कोलकात्ता, 14 जून, 1972)

स्वतंत्रता-संग्राम

भारत के लम्बे स्वतंत्रता–संग्राम के दौरान हमने यह नहीं समझा कि स्वतन्त्रता पाने पर हमारी मंजिल खत्म हो जाएगी। हमने समझ लिया था कि स्वतन्त्रता वह कुंजी है जिससे विकास के जरिए अवसर के दरवाजे खुल जाएँगे।

–कुआलालम्पुर की विशाल सभा में भाषण (31 मई, 1968)

अनुशासन

अगर बच्चों में अनुशासन लाना है तो पूरे समाज को अनुशासित होना पड़ेगा।

–भारतीय बाल–कल्याण परिषद् की वार्षिक बैठक
(नई दिल्ली, 3 अप्रैल, 1967)

अनुशासन के बिना शिक्षा का पूरा उपयोग नहीं हो सकता या बच्चों के लिए चलाया गया और कोई कार्यक्रम भी अनुशासन के बिना नहीं चलाया जा सकता।

–भारतीय बाल–कल्याण परिषद् की वार्षिक बैठक में भाषण
(नई दिल्ली, 3 अप्रैल, 1967)

अनेकता

जब-जब भी हम असंगठित हुए, हमें आर्थिक और राजनीतिक रूप में इसकी कीमत चुकानी पड़ी। जब–जब भी विचारों में संकीर्णता आई, आपस में झगड़े हुए, हम विदेशी शासन के अधीन हो गए।

–अखिल भारतीय राष्ट्रीय एकता सम्मेलन के अवसर पर उद्घाटन भाषण
(नई दिल्ली, 12 जनवरी, 1984)

अविभाजित समाज

हमें सिर्फ इसी से सरोकार नहीं रखना चाहिए कि यह संसार किस प्रकार का हो, बल्कि यह भी सोचना चाहिए कि इसमें रहने वाले इंसान कैसे हों।

यह तो निश्चित ही है कि हम ऐसा समाज नहीं चाहते जो दो वर्गों में बँटा हो। एक, दूसरों की सोच-समझ पर नियंत्रण रखने वालों का और दूसरा नियंत्रित होने वालों का। हम ऐसे चिंतनशील लोगों को चाहते हैं जो स्वविवेक से काम करने की क्षमता रखते हों जो खुद भी दिलचस्प हों और दूसरों में भी दिलचस्पी रखते हों और जो दूसरों के प्रति सहानुभूति और चिंता से प्रेरित हों।

–संयुक्त राष्ट्र मानव पर्यावरण सम्मेलन के बृहद् अधिवेशन में भाषण
(स्टाकहोम, 14 जून, 1972)

असामंजस्य

मन और मस्तिष्क के बीच में जब तालमेल नहीं रहता तब हमें बेचैनी होती है, जैसे आध्यात्मिकता के बिना विज्ञान, भावना के बिना ज्ञान अन्तर्प्रज्ञा के बिना बौद्धिकता। इन सबको सद्‌विचारों की ओर मोड़ा जाए और ऐसे कार्य किए जाएँ, जिनका उद्देश्य संपूर्ण शुभ की ओर हो।

–ए.एन. सिन्हा समाजशास्त्र संस्थान के रजत जयंती समारोहों के अवसर पर भाषण
(पटना, जनवरी, 1984)

आज़ादी की भावना

ऐतिहासिक क्रम में लोगों की हत्याएँ हुई हैं, लोग घायल हुए हैं, कुचले गए हैं, लेकिन मनुष्य की भावना, मुक्ति की धारणा तथा मानवीय गौरव को मानव इतिहास में कभी कोई कुचल नहीं सका है। हमने इसका प्रमाण भारत और प्रत्येक ऐसे देश में पाया है जिसने आज़ादी की लड़ाई लड़ी है। आदमी की यही भावना है जिसने उसे प्रगति करने और नई ऊँचाइयाँ उपलब्ध करने में मदद की है। भारत निश्चय ही इस प्रकार के मानवीय गौरव एवं आज़ादी के जज़्बात को कुचलने में किसी का साथ नहीं दे सकता। हमारा यह भी विश्वास नहीं है कि शांति की स्थापना इस प्रकार के दमन द्वारा की जा सकती है। आप आज़ादी के आगमन को शायद टाल तो सकते हैं, लेकिन हमेशा के लिए रोक नहीं सकते।

—'इंडियन स्टूडेंट्स एसोसिएशन ऑफ वाशिंगटन' द्वारा आयोजित समारोह में भाषण (वाशिंगटन, 5 नवम्बर, 1971)

आंदोलन

आंदोलनों से हमारे सीमित साधन और भी कम न हो जाएँ और इस तरह हमारे विकास कार्यक्रमों के पूरा होने में और भी देर न हो। देश में लगातार

चलने वाले ये आन्दोलन अथवा आन्दोलन की धमकियाँ हमारे प्रशासन पर बहुत असर डालती हैं।

–असम के लोगों से अपील (19 अक्टूबर, 1969)

आत्मा

मानव अपने को बहुत ऊँचा समझता है। पर्वतों की भव्यता और शान तथा उसकी शांत ऊँची चोटियाँ हमें अपने को और अपने कार्यकलापों को सही परिप्रेक्ष्य में देखने में मदद करती हैं। हम कितने छोटे और महत्वहीन हैं तथा अपनी संहार और निर्माण की सारी शक्ति के बावजूद इस ब्रह्मांड की विशालता में हम कितने असहाय हैं। फिर भी हमारे पास एक विशेष चीज है और वह है अजेय आत्मा। इसी के बल पर पुरुष और स्त्रियाँ असंभव को संभव बनाने योग्य बनते हैं।

–भारतीय पर्वतारोहण संस्थान के रजत जयंती समारोह के अवसर पर भाषण (27 अगस्त, 1983)

आर्थिक स्वतंत्रता

आर्थिक स्वतंत्रता के बगैर राजनीतिक स्वतंत्रता अधूरी है। जब तक आर्थिक आज़ादी नहीं आती, तब तक नवोदित और विकासशील देशों पर बाहरी देश दबाव डालते हैं, लेकिन ऐसे दबाव का विरोध करना जरूरी है। गरीब और संपन्न देशों के बीच की खाई बढ़ती जा रही है। इससे नए तनाव पैदा हो गए हैं। इन तनावों को दूर करना अंतर्राष्ट्रीय आर्थिक कूटनीति का धर्म है।

–भारत–सोवियत मैत्री सभा, मॉस्को में भाषण (14 जुलाई, 1966)

इतिहास

इतिहास की प्रक्रिया बड़ी अदम्य होती है। हम चाहे कुछ भी क्यों न करें, हम उसकी अवज्ञा नहीं कर सकते। अगर हम वैसा करेंगे तो वह हमें एक तरफ छोड़कर आगे बढ़ जाएगा। अगर हम उन स्थापनाओं के आधार पर, जिनकी सामयिकता समाप्त हो चुकी है, निकाले गए निष्कर्षों से चिपके रहते हैं, तो यही खतरा पैदा हो जाएगा। जितना ही ज्यादा हम पुरानी समस्याओं को दोहराते हैं, हम वास्तविक संदर्भ से उतनी ही दूर हटते जाएँगे।

—फेडरेशन ऑफ इंडियन चैम्बर्स ऑफ कॉमर्स एंड इंडस्ट्री के 44वें वार्षिक अधिवेशन में उद्घाटन–भाषण (नई दिल्ली, 10 अप्रैल, 1971)

उत्पादन और कुशलता

सफलता का मानदंड उत्पादन और कुशलता है। इसकी कसौटी केवल लाभ कमाना ही नहीं है, यद्यपि वह महत्वपूर्ण है। बल्कि इस बात के नतीजे हैं कि गुणवत्ता और तैयार माल का स्तर कैसा है, उससे लोगों को कुल मिलाकर कितना लाभ पहुँचता है।

–सार्वजनिक क्षेत्र के प्रतिष्ठानों के मुख्य कार्यवाहकों को संबोधित करते हुए
(नई दिल्ली, 5 अप्रैल, 1983)

उद्यम

उद्यम शायद हमारी एक सबसे महत्वपूर्ण राष्ट्रीय आवश्यकता है। कृषि, उद्योग, विज्ञान के क्षेत्र में तथा यहाँ तक कि सांप्रदायिक एवं अन्य प्रकार के तनाव जैसी सामाजिक बुराइयों के निराकरण में, जो समय-समय पर प्रकट होती रहती हैं और हमारी एकता को खतरे में डालती हैं, प्रगति को रोकती हैं तथा कभी-कभी हमारे अस्तित्व को ही जोख़िम में डाल देती हैं।

–युवा उद्यमियों की राष्ट्रीय सहयोग-संस्था में भाषण
(मुम्बई, 25 अक्टूबर, 1969)

उपनिवेशवाद

नए राष्ट्रों का मार्ग अवरुद्ध करने के लिए जो बाधाएँ खड़ी की गई हैं, वे उपनिवेशवाद के विभिन्न रूप—आर्थिक, प्रौद्योगिक तथा सूचना के शक्तिशाली अस्त्र हैं। ये ही वे दीवारें हैं जिनके विरुद्ध हम आवाज़ उठाते हैं। इसलिए हम नई आर्थिक व्यवस्था, नई सूचना-व्यवस्था तथा अपनी संस्कृति की पहचान बनाए रखने पर बल देते हैं। दीवारें सरकती नहीं हैं, पर उन्हें पार किया जा सकता है।

–संयुक्त राष्ट्र संघ की महासभा के 38वें अधिवेशन में भाषण
(न्यूयार्क, 28 सितम्बर, 1983)

उपेक्षित

किसी समाज का मूल्यांकन इस बात से किया जाता है कि वह अपने सर्वाधिक उपेक्षित वर्गों के साथ कैसा व्यवहार करता है। भारत में हमें इसी चुनौती का सामना करना पड़ता है, क्योंकि अन्य विकासशील देशों की तरह यहाँ भी उपेक्षितों की संख्या बहुत बड़ी है। इनमें केवल बीमार एवं अपंग

व्यक्ति ही नहीं बल्कि बड़ी संख्या में ऐसे सामान्य व्यक्ति भी शामिल हैं, जिन्हें निर्धनता व आर्थिक पिछड़ेपन के कारण विकलांगों में सम्मिलित किया जा सकता है।

–बारहवें अंतर्राष्ट्रीय कुष्ठ रोग सम्मेलन में भाषण
(नई दिल्ली, 20 फरवरी, 1984)

एकता

आज देश की एकता खतरे में है। अगर हम मज़बूत नहीं रहते हैं तो हम किसी मामले में भी सफल नहीं हो सकते। चाहे वह साम्प्रदायिक सद्भाव हो या अल्पसंख्यकों के लिए समान अवसर हों, यह सब एकता और सद्भाव के अंग हैं।

–राज्यों के समाज कल्याण बोर्डों के अध्यक्षों के 18वें सम्मेलन में भाषण
(14 जुलाई, 1983)

एकता का अर्थ कभी भी, किसी समय भी मानसिक बंधन नहीं हुआ करता, क्योंकि भारत की समृद्धि इसकी महान् अनेकता में ही है और मेरे विचार में हमें झूठी अनेकता भी नहीं रखनी चाहिए। किंतु यदि यह स्वाभाविक है तो इसे अपने ही ढंग से फलने-फूलने देना चाहिए।

–शिक्षाविदों और छात्र नेताओं की समिति के सामने उद्घाटन भाषण
(नई दिल्ली, 16 जनवरी, 1970)

एकता की समस्या को उसके सामाजिक-आर्थिक संदर्भ में भी देखा जाना चाहिए। तनावों को रोकने तथा समाप्त करने के लिए वृद्धि और विकास की तेज दर आवश्यक है। नि:संदेह इसके अंतर्गत सभी कमज़ोर वर्गों, जो आर्थिक अथवा सामाजिक रूप से कमज़ोर हैं या जो पददलित रहे हैं, की सहायता आती है।

–राष्ट्रीय एकता परिषद् की बैठक में उद्घाटन भाषण
(नई दिल्ली, 21 जनवरी, 1984)

एकता कायम रखना हमारा दायित्व है और यह सड़कों और गली-मोहल्लों में मारपीट से नहीं बनी रह सकती। यह केवल सरकार, सरकारी अधिकारियों और राजनीतिक पार्टियों का ही नहीं, बल्कि सर्वसाधारण का भी दायित्व है कि आपसी मतभेद व विवाद सड़कों पर न तय किए जाएँ, बल्कि उन संस्थाओं में ही ले जाएँ, जो इस काम के लिए बनाई गई हैं। वहाँ इन पर विचार और बहस हो। हमें निर्णय करना है कि हमारा विश्वास संसद और संसदीय प्रणाली

में है, अथवा हुल्लड़बाज़ी और दंगा-फसाद में।

—लोकसभा में हुई बहस (23 फरवरी, 1968)

एकता केवल धर्म, भाषा या क्षेत्र का ही प्रश्न नहीं है, यह एक आर्थिक मसला भी है।

—मुख्यमंत्रियों के सम्मेलन में भाषण (4 अप्रैल, 1983)

कोई भी देश सुरक्षा को नज़रअंदाज नहीं कर सकता। वह यह मानकर नहीं चल सकता है कि चूँकि वह सार्वभौम है, इसलिए उसके पड़ोसी देश उस पर आक्रमण नहीं करेंगे। उसे हमेशा चौकस रहना होता है, हमेशा इस बात को ध्यान में रखना होता है कि कहीं प्रौद्योगिकी के क्षेत्र में वह पिछड़ न जाए। इस प्रकार से हमें यह भी नहीं सोच लेना चाहिए कि मात्र इसलिए कि हम स्वतंत्र हैं और हमारा एक संविधान है, सामाजिक एकता अपने आप ही बनी रहेगी। इसकी भी राष्ट्र की सीमाओं की भाँति चौकसी करनी पड़ती है। सीमाओं की रक्षा के लिए सेनाएँ होती हैं, किंतु सामाजिक एकता का सारा भार स्वयं नागरिकों पर होता है।

-अखिल भारतीय राष्ट्रीय एकता सम्मेलन के अवसर पर उद्घाटन भाषण (नई दिल्ली, 12 जनवरी, 1984)

एकता और आज़ादी

अंदरूनी झगड़ों की वजह से हम पहले बहुत नुकसान उठा चुके हैं, अब हमें एक होकर यह फैसला करना है कि हम ऐसा कभी नहीं होने देंगे, जिससे हमारी एकता और आज़ादी को कोई ताकत खतरे में डाल सके।

-ग़ालिब पुरस्कार समारोह में भाषण (नई दिल्ली, 6 जुलाई, 1984)

कानून

कानून एक खास पेशा है, जिसमें अध्ययन और चिंतन के उच्च गुणों की जरूरत होती है और इससे भी कहीं अधिक इसके लिए जरूरत होती है—न्याय के प्रति वचनबद्धता, मासूमों की रक्षा और अपराधियों के लिए सज़ा। कानून और न्याय के प्रति वचनबद्धता केवल कानूनी समुदाय तक ही सीमित नहीं है। यह हर मानव में पाई जाती है और पाई भी जानी चाहिए क्योंकि बिना कानून और व्यवस्था के सामंजस्यपूर्ण जीवन संभव नहीं है।

-अपीलेट न्यायाधीशों के तृतीय अंतर्राष्ट्रीय सम्मेलन तथा राष्ट्रमंडल मुख्य न्यायाधीशों के सम्मेलन में भाषण (नई दिल्ली, 5 मार्च, 1984)

कठोरता

मैं यह भी नहीं कहना चाहती कि आप सख्ती से पेश आएँ, मैं सख्ती में विश्वास नहीं करती, किंतु यह विश्वास जरूर रखती हूँ कि कई अवसर ऐसे आते हैं जब बिना दृढ़ता के हम जी नहीं सकते। जब मूल विषय उठाए जाते हैं, जब आधार मूल्यों और आदर्शों पर चोट की जाती है, जब अनजाने में लोगों का इस्तेमाल हमें कमज़ोर करने के लिए किया जाता है। उस समय हर नागरिक को इस ज़िम्मेदारी को निभाना चाहिए। हर नागरिक को यह सोचना चाहिए कि उसकी भावी संतानों का भविष्य खतरे में है। उसे भारत में और बाहर इस बारे में बोलना चाहिए।

–अखिल भारतीय राष्ट्रीय एकता सम्मेलन के अवसर पर उद्‌घाटन भाषण (नई दिल्ली, 12 जनवरी, 1984)

खतरा

सियासत में हम अलग–अलग हो सकते हैं। भाईचारा, बर्दाश्त करने का माद्दा, आपसी दोस्ती और नेकनियत से हम एक बने रहें। इनसे हम बड़े से बड़े खतरों को पार कर सकते हैं। आज फिर हिंसा और नफरत का डर छाया हुआ है। हमारी एकता को फिर चोट पहुँचाई जा रही है। लोगों को गुमराह किया जा रहा है और उन्हें तरक्की की राह से मोड़ा जा रहा है। हर हिंदुस्तानी को देश पर खतरों का अहसास होना चाहिए क्योंकि वह खतरा उसका भी खतरा है।

–ग़ालिब पुरस्कार समारोह में भाषण (नई दिल्ली, 6 जुलाई, 1984)

चिंतन

चिंतन और कृति दोनों ही सामाजिक शक्तियों के अन्वेषी विश्लेषण से जन्मने चाहिए। वह वही अन्वेषण है जिसने फ्रांस में क्रांति के नेताओं को जन्म दिया। रूस में इसने लेनिन और गोर्की को तथा भारत में टैगोर, गांधी और नेहरू को पैदा किया।

–चौथे अफ्रो–एशियाई लेखक सम्मेलन में भाषण (नई दिल्ली, 17 नवम्बर, 1970)

ग्रामीण भारत

ग्रामीण भारत विज्ञान का प्यासा है। ग्रामीण भारत के पास वैज्ञानिकों के

उपयोग के लिए उपलब्ध सामग्री—केवल मानवीय प्रतिभा में ही नहीं बल्कि उन पदार्थों में भी जो कि वनस्पति जीवन से प्राप्त होते हैं अथवा लोगों की प्रतिभाओं में; की अथाह क्षमता है। हमारे वैज्ञानिकों को इन आवश्यकताओं के लिए कुछ जरूर करना होगा।

–भारतीय राष्ट्रीय विज्ञान अकादमी की स्वर्ण-जयंती के अवसर पर भाषण (नई दिल्ली, 16 जनवरी, 1984)

चुनौतियाँ

अगर चुनौतियाँ और कठोर परिश्रम न हों, तो कोई भी सफलता नहीं मिल सकती। भारत में हम आरामतलबी का जीवन नहीं चाहते। हम नहीं चाहते कि हमारी राह फूलों की हो। हम चुनौतियाँ चाहते हैं, जिससे हम यह साबित कर सकें कि हम उनका सामना करने के अलावा उन पर विजय पा सकते हैं।

–एक संवाददाता सम्मेलन में प्रश्नों के उत्तर से (नई दिल्ली, 31 दिसंबर, 1971)

जीवन

जीवन एक अजस्र और परिवर्तनशील प्रक्रिया है और इसके सब अंग एक-दूसरे से जुड़े हैं तथा एक की दूसरे पर क्रिया और प्रतिक्रिया होती रहती है। यहाँ तक कि विशेषता रखने वाले विषय भी एक-दूसरे में विलीन होते जा रहे हैं, ताकि विचारफलक विस्तीर्ण होता जाए। अत: अपने काम को अधिक कारगर बनाने की दृष्टि से या उस भविष्य की व्यापक दृष्टि से, जिसका हम निश्चय ही निर्माण करना चाहते हैं, लोगों को अपने व्यवसाय से बढ़कर विस्तीर्ण दृष्टि-पथ अपने सामने रखना चाहिए।

–इंस्टीट्यूशन ऑफ इंजीनियर (भारत) की 44वीं साधारण वार्षिक बैठक के अवसर पर उद्‌घाटन भाषण (नई दिल्ली, 21 मई, 1971)

देश : एक परिवार

कोई देश एक विशाल परिवार होता है। जिन देशों की आय और साधन सीमित होते हैं उनकी अर्थव्यवस्था ऐसी होनी चाहिए कि जरूरी वस्तुओं के बारे में उपेक्षा न बरती जाए और बर्बादी रोकी जाए। साधनों का सही बँटवारा हो और प्राथमिकताएँ निर्धारित की जाएँ, शिक्षा एवं अन्य सामाजिक जरूरतों का प्रबंध इस प्रकार होना चाहिए कि गरीब एवं छोटे वर्ग के लोगों को उससे विशेष लाभ पहुँचे। कृषि और उद्योग प्रौद्योगिकी और संस्कृति, सरकारी उद्योग और निजी उद्यम, आर्थिक विकास और सामाजिक न्याय के बीच संतुलन हो।

समाज के प्रत्येक वर्ग को रचनात्मक कार्यों में भाग लेने के लिए प्रेरित किया जाए।

–अमेरिका में भारतीय वाणिज्य मंडल के संबंध में आयोजित भोज में भाषण (न्यूयॉर्क, 2 अगस्त, 1982)

धर्म

हम अपने धर्म के प्रति ईमानदार तभी रह सकते हैं जब हम दूसरे लोगों के उनके धर्म के प्रति ईमानदार होने के अधिकार को मान्यता दें। हमें यह नहीं भूलना चाहिए कि किसी अधिकार की सीमा वहीं तक होती है, जहाँ तक कि दूसरे का अधिकार न शुरू होता हो।

–अखिल भारतीय राष्ट्रीय एकता सम्मेलन के अवसर पर उद्‌घाटन भाषण (नई दिल्ली, 12 जनवरी, 1984)

अंधानुकरण

कोई भी राष्ट्र केवल दूसरे देश का अनुकरण करके आगे नहीं बढ़ सकता और अगर हमें नई राहें बनानी हैं तो हमें उसकी कीमत भी चुकानी होगी, क्योंकि दुनिया में आपको कोई मुफ्त चीज नहीं मिलती, न छोटी–से–छोटी और न बड़ी–से–बड़ी।

–इंडियन मर्चेंट्स चैम्बर में भाषण (मुम्बई, 25 अक्टूबर, 1969)

जागृति

अगर सारा देश उठता है तो उसमें हम भी उठेंगे, हम न भी चाहें तो भी उठेंगे और देश अगर गिरता है, कमज़ोर होता है तो कितना भी कोई बड़ा आदमी क्यों न हो वह आगे नहीं बढ़ सकता है। वह भी कमज़ोर रहेगा दुनिया के मुकाबले में।

–दिल्ली में नए यमुना सेतु के शिलान्यास के अवसर पर (29 अगस्त, 1983)

अध्यात्म

अध्यात्म का अर्थ है आत्मा की समानता, मनुष्य की अंत:चेतना की सबलता और अपनी अनुभूतियों की विस्तीर्णता। यह वह क्षमता है जो मनुष्य को हलचल में निश्चल, शांति के क्षणों में पूर्ण सचेत और सजीव बनाए रखती है और तत्त्व को काल और परिस्थिति से परे रखने और हर्ष व विषाद में

समभाव रखने का गुण प्रदान करती है। दृष्टि और दया सच्चे अध्यात्म के लक्षण हैं।

–संयुक्त राष्ट्र मानव पर्यावरण सम्मेलन के बृहद् अधिवेशन में भाषण (स्टॉकहोम, 14 जून, 1972)

धर्मनिरपेक्ष

'धर्मनिरपेक्ष' शब्द में यह अभिप्रेत नहीं है कि हम धर्म–विरोधी हैं। इसके विपरीत, उसका अर्थ यह है कि शासन की दृष्टि में देश के सभी धर्मों के प्रति समान आदर है और प्रत्येक नागरिक को, चाहे वह किसी भी धर्म का क्यों न हो, समानाधिकार प्राप्त हैं। स्वयं सरकार का कोई धर्म नहीं होता। वह हो भी नहीं सकता। अगर सरकार का कोई धर्म होने लगे, तो जो लोग उस धर्म को मानने वाले नहीं होंगे, वे यह अनुभव नहीं कर सकते कि उनका समान अधिकार है।

–इंडियन स्टूडेंट्स एसोसिएशन ऑफ 'वाशिंगटन' द्वारा आयोजित समारोह में भाषण (वाशिंगटन, 5 नवम्बर, 1971)

अस्थिरता

जहाँ अस्थिरता, अनिश्चितता और असुरक्षा हो, वहाँ आर्थिक प्रगति संभव नहीं। ऐसे वातावरण में और अधिक आर्थिक समता लाने की कोई भी कोशिश ज्यादा आगे नहीं बढ़ पाएगी और कानून तथा व्यवस्था के भंग होने की प्रत्येक स्थिति में अमीरों की अपेक्षा गरीब लोगों को कहीं ज्यादा तकलीफ़ झेलनी होती है।

–इंडियन मर्चेंट्स चैम्बर में भाषण (मुंबई, 25 अक्टूबर, 1969)

आज़ादी के सिपाही

आज हम एक प्रण लेंगे कि हमारी आज़ादी के जो सिपाही थे और जो इस नई लड़ाई में हैं, वे सब सिपाही हैं और तब हमारे अंदर जो एक दीवानापन था, उस दीवानेपन को आज फिर हम अपने अंदर लाएँ। आज वह क्रांति पैदा करें, जो हमें बैठने न दे, जो सदा हमारे कान, दिल और मन में कहे कि उठो चलो, भारत माता इंतजार कर रही है, भारत माता तुम्हारी माँग कर रही है। इस क्रांति की आज जरूरत है।

–लाल किले की प्राचीर से (15 अगस्त, 1966)

अफ़सरी मनोवृत्ति

यह अफ़सरी मनोवृत्ति भी विकास में रुकावट पैदा करने की ज़िम्मेदार है। न सिर्फ समाज में बल्कि सरकार में भी जातीयता का बोलबाला है, उपनिवेशवाद की यह निशानी अब तक इस मनोवृत्ति का पोषण करती है। यह जातिवाद हमारे गुलामी के दिनों में पैदा हुआ था।

–रुड़की विश्वविद्यालय में दीक्षांत भाषण (18 नवम्बर, 1967)

आत्मनिर्भरता

आत्मनिर्भरता का आशय अपने को दूसरों से अलग कर देना नहीं होता। यह बराबरी के आधार पर दूसरों के साथ और अधिक उपयोगी आर्थिक आदान–प्रदान की भूमिका है। राजनीतिक मामलों में और आर्थिक मामलों में भी सच्ची अंतर्निर्भरता पूर्ण स्वतंत्रता की नींव पर ही स्थापित हो सकती है।

–नेपाल के तत्कालीन प्रधानमंत्री श्री कीर्तिनिधि बिष्ट के सम्मान में दिए भोज के अवसर पर भाषण (नई दिल्ली, 18 अप्रैल, 1972)

आत्मस्वीकृति

यह सही है कि हमने गलतियाँ की हैं। जब किसी को एक साथ इतने काम निबटाने हों और इतने विशाल पैमाने पर, ऐसी परिस्थितियों में जिनका सामना अन्यत्र लोगों को न करना पड़ा हो, तो यह संभव नहीं कि सभी काम बिना गलती के हो जाएँ। हमारे घोर आलोचक जो कुछ कहते हैं, उससे कहीं अधिक अपनी कमियों का हमें स्वयं एहसास है और हम उन कमियों को दूर करने के लिए सच्चाई से प्रयास कर रहे हैं।

–अंतरसंसदीय यूनियन के 57वें सम्मेलन में भाषण (नई दिल्ली, 31 अक्टूबर, 1969)

आदर्श

आदर्श वह है जिसकी ओर बढ़ने के लिए आप प्रवृत्त होते हैं। यह ऐसी कोई बात नहीं जिसे आप तुरंत कार्यरूप दे सकें। एक आदर्श अपने आप में इस मायने में प्रेरणाप्रद होता है कि हमारे लोगों की जरूरतें स्थिर नहीं हुआ करतीं। उन्हें जैसे ही कुछ प्राप्त होता है, वे अन्य चीजों के लिए इच्छा करेंगे और यह उचित ही होगा।

–राज्यसभा में चौथी पंचवर्षीय योजना पर बहस का उत्तर (13 अगस्त, 1970)

आधुनिक तकनीक और विकासशील देश

आधुनिक टेक्नोलॉजी के क्षेत्र में जानकारी के लिए विकासशील देशों को आर्थिक और राजनीतिक रूप से एक कीमत चुकानी होती है और अक्सर देखा जाता है कि घिसी-पिटी चीज़ें ही बेची जाती हैं। बुनियादी और संपूर्ण जानकारी दी ही नहीं जाती। परमाणु विज्ञान के क्षेत्र में आणविक शक्तियाँ, जो अपने भंडारों में निरंतर वृद्धि करती जा रही हैं, वे जानबूझकर व्यापक प्रसार के तथाकथित खतरे का हौवा खड़ा करके हमारा ध्यान बँटा रही हैं। उस क्षेत्र में किसी भी प्रकार के सहयोग के साथ अनेक प्रतिबंध जोड़ दिए जाते हैं, जिन्हें सुरक्षा का नाम दे दिया जाता है।

–भारतीय विज्ञान काँग्रेस के 71वें अधिवेशन में उद्घाटन भाषण
(राँची, 3 जनवरी, 1984)

उद्योग

चाहे साम्प्रदायिक प्रवृत्तियाँ हों, जिनके कारण हम किसी को महज़ उसके मज़हब के आधार पर बड़ा मानें, या किसी को औरों से ज्यादा देशभक्त मानें और लोगों को देश के किसी भाग में रहने तथा मनचाहा काम कर सकने के अधिकार से वंचित करें, ये सब राष्ट्र को कमज़ोर बनाने वाली प्रवृत्तियाँ हैं। जब तक समुचित वातावरण न हो, जब तक एकता और साथ-साथ काम करने की प्रवृत्ति न हो, तब तक कोई भी उद्योग पनप नहीं सकता और कोई भी विकास संभव नहीं होता।

–युवा उद्यमियों की राष्ट्रीय सहयोग–संस्था में भाषण
(मुंबई, 25 अक्टूबर, 1969)

औद्योगिक क्षेत्र

औद्योगिक क्षेत्र के अंदर हम निश्चित ही तभी रह सकते हैं और उन्नति कर सकते हैं, जब नई दिशाएँ दिखाने वाले और उन दिशाओं में ले जाने वाले लोग मौजूद हों। मैं समझती हूँ कि महात्मा गांधी ने एक बार कहा था कि हम औरों के तजुर्बों को दुहराकर इतिहास का निर्माण नहीं कर सकते। हमें अपने लिए नई राहें बनाने को तैयार रहना होगा। हो सकता है कि हम गलतियाँ करें, लेकिन हम गलतियों से सबक सीख सकते हैं और इस प्रकार नई उपलब्धियों की ओर बढ़ सकते हैं।

–युवा उद्यमियों की राष्ट्रीय सहयोग–संस्था में भाषण
(मुंबई, 25 अक्टूबर, 1969)

किसान

भारत के किसान हमारी रीढ़ की हड्डी हैं, उनके बिना तो देश जीवित नहीं रह सकता, आत्मनिर्भरता की तरफ नहीं जा सकते।

–लाल किले की प्राचीर से (15 अगस्त, 1980)

कुरीतियों का विरोध

गरीबी हटाना महत्वपूर्ण है, लेकिन उतना ही महत्वपूर्ण है इस देश को एक आधुनिक और समझदार राष्ट्र बनाना। इससे मेरा अभिप्राय यह नहीं है कि हम अपने सभी मूल्यों और परम्पराओं को झाड़-बुहारकर अलग कर दें। हमें अतीत से वो सब ले लेना चाहिए जो शाश्वत है और समय के साथ जिसके मूल्य में तबदीली नहीं आई है। लेकिन हमें उन सबसे लोहा लेना ही होगा जो दक़ियानूसी हैं, जो अंधविश्वास को पोसते हैं, जो अग्रगामी समाज के लिए अपनी सामयिकता खो चुके हैं। यह मानना कि कुछ लोग सिर्फ जाति या जन्म के कारण छोटे हैं, आज निश्चय ही कोई मायने नहीं रखता और ऐसी बातों से हमारा समाज और देश कमज़ोर ही बनता है।

–आंध्र प्रदेश के विधायकों के बीच भाषण (हैदराबाद, 26 जुलाई, 1972)

क्रियाशीलता

अगर कोई व्यक्ति बड़े-बड़े काम नहीं कर सकता, तो उसे कम-से-कम उन छोटे-छोटे ब्योरों की ओर ध्यान देना चाहिए जो उसकी पहुँच में है। अगर हमारा उद्देश्य समान है तो हमारा प्रयास भी संयुक्त होना चाहिए। आइए, हम सब सहयोगपूर्वक काम में जुट जाएँ; जिससे हमें अपना लक्ष्य सुंदरतापूर्वक प्राप्त हो सके।

–फेडरेशन ऑफ इंडियन चैम्बर्स एंड इंडस्ट्री के 44वें वार्षिक अधिवेशन में उद्घाटन भाषण (नई दिल्ली, 10 अप्रैल, 1971)

गुरु गोविंद सिंह

उनकी धारणा थी कि मंदिर और मसजिद एक हैं। आदमी से आदमी, भोजन, पोशाक, रीति-रिवाजों, सम्प्रदाय और धर्म के नाम पर लड़-झगड़कर अपने को एक-दूसरे से अलग कर लेता है। मेरा मिशन है कि पूरी मानव जाति भाई-भाई की तरह एक होकर रहे। तब फिर कैसे मैं एक को प्यार और दूसरे से नफरत कर सकता हूँ। वे क्षमा के अवतार थे। जब उन्हें धोखा देने वाला भी

कोई आकर क्षमा माँगता तो वे कहते—"हमारे घर में बीती बातों की गठरी नहीं रखी जाती।"

–गुरु गोविंद सिंहजी के तीसरे जन्म शताब्दी समारोह पर रेडियो से प्रसारण (18 जनवरी, 1967)

जनमत

अपनी प्राचीन संस्कृति, अनुपम स्वतंत्रता-संग्राम और वर्तमान विकास प्रक्रिया तथा उसकी उपलब्धियों के प्रति हमारा जनमत पर्याप्त रूप से जागरूक नहीं है और न ही आने वाले खतरों के प्रति सचेत है।

–ए.एन.सिन्हा समाजशास्त्र संस्थान के रजत जयंती समारोहों के अवसर पर भाषण (पटना, जनवरी, 1984)

जनशक्ति

राष्ट्र का भविष्य हमारी शिक्षा और नौजवानों की योग्यता पर निर्भर है। किसी भी देश की सबसे बड़ी दौलत उसकी जनशक्ति है। विचारों और प्रवीणता से राष्ट्र का निर्माण होता है और दोनों की कुंजी शिक्षा है।

–आकाशवाणी से प्रसारण (19 अक्टूबर, 1966)

हमारा सबसे ज्यादा मूल्यवान साधन जनशक्ति है। लेकिन यह एक ऐसा कथन है जिसे पुनः दोहराने की आवश्यकता है, क्योंकि हम अपनी जनशक्ति की उपेक्षा करते रहते हैं। हम जानते हैं कि अगर हमने उसका उपयोग नहीं किया, तो यह अभिशाप भी बन सकती है जिससे कुंठा और निराशा तथा कभी-कभी हिंसा का जन्म हो सकता है। लेकिन यह जनशक्ति अगर आर्थिक विकास को बढ़ावा देने में इस्तेमाल की जाए, तो वह बहुत बड़ा वरदान बन जाएगी और देश की प्रगति के लिए एक ठोस और हितकर आधार का निर्माण करेगी।

–राज्यों के मुख्य सचिवों के सम्मेलन में भाषण (नई दिल्ली, 12 अप्रैल, 1971)

दुश्मन का मुकाबला

हमारी चाहे सरकार हो और चाहे भारत के लोग हों वे अच्छी तरह से समझते हैं कि झगड़े से उनको कुछ मिलने वाला नहीं है। सहयोग से, दोस्ती से सब अपनी-अपनी समस्याओं का समाधान कर सकेंगे, एक-दूसरे की मदद कर सकेंगे और जो असली में हमारे दुश्मन बाहर के हो सकते हैं, जो हम

पर असर डालना चाहते हैं, हमको हिलाना चाहते हैं, हमें ताकतवर नहीं बनने देना चाहते हैं, उनका मुकाबला हम सब मिलकर करेंगे, हथियार से नहीं, लड़ाई से नहीं, लेकिन अपनी मज़बूती से, अपनी स्थिरता से, अपनी एकता से, अपने आदर्शों से।

–लाल किले की प्राचीर से (15 अगस्त, 1980)

देशभक्ति की भावना

इतिहास की इस महत्वपूर्ण मंज़िल पर जो चुनौती हमारे सामने है, उसका सामना तभी किया जा सकता है जब भारतीय व्यवसायी वर्ग, वैज्ञानिक और टेक्नोलॉजिस्ट, वस्तुतः सम्पूर्ण देश ही दक्षतापूर्वक अनुशासन के साथ देशभक्ति की सर्वोच्च भावना और समर्पण के साथ कार्यरत हो।

–फेडरेशन ऑफ इंडियन चैम्बर्स ऑफ कॉमर्स एंड इंडस्ट्रीज के 43वें वार्षिक अधिवेशन में उद्घाटन भाषण (14 मार्च, 1970)

नारी

भविष्य को बनाने में महिलाओं का बहुत महत्वपूर्ण हाथ है। वे अपने बच्चों और घरों पर क्या असर डालती हैं? कैसे रहन-सहन की अच्छी आदतें डालती हैं, इसी से समाज में परिवर्तन आएगा और वह आगे बढ़ेगा। अच्छी आदतों पर ही अच्छा स्वास्थ्य निर्भर है और अगर माताएँ और बच्चे इनके बारे में जानें, तो बहुत-सी बीमारियों से बचा जा सकता है।

–स्त्रियों की सभा में भाषण (कवरत्ती, 10 अक्टूबर, 1969)

पड़ोसी देश

मैं पड़ोसी देश के लोगों को यह भरोसा देना चाहती हूँ कि हमारे लोग उनसे दोस्ती चाहते हैं। हम लड़ाई नहीं चाहते हैं। हमें मालूम है कि हर बात में एक राय नहीं हो सकती है, मतभेद जरूर होगा जैसे कि दो इंसानों में भी होता है। लेकिन जहाँ भी हम एक राय के हो सकते हैं वहाँ हम एक-दूसरे की मदद करें, एक-दूसरे से मिलकर चलें, एक-दूसरे को जो सहयोग कर सकते हैं, सहायता कर सकते हैं, वह करने को अगर हम तैयार हों तो बहुत कुछ हमारा खर्चा भी कम हो सकता है और हमारी ताकत भी बढ़ सकती है। लेकिन अगर हमको लोग धमकी देंगे, तो उसके लिए हम तैयार हैं।

–लाल किले की प्राचीर से (15 अगस्त, 1980)

हम दखल नहीं देना चाहते। हम दूसरे देश की एकता में किसी प्रकार की बाधा नहीं डालना चाहते। हमारे हित में भी नहीं है। हम तो चाहते हैं कि हमारे पड़ोसी देश स्थिर रहें, मज़बूत रहें, हम से दोस्ती रहें। तो दोस्ती का हाथ हमने बढ़ाया और कहा कि अगर हम मदद कर सकते हैं कि आपकी बातचीत हो सके और कुछ निर्णय निकल सके जो सबको स्वीकार हो तो वह आपके लिए भी लाभदायक होगा और हम संकट से बचेंगे।

–लाल किले की प्राचीर से (15 अगस्त, 1984)

जाति

इससे बढ़कर और किसी झूठे सिद्धांत का प्रचार हो सकता है कि मानव की एक जाति विशेष किसी दूसरी जाति से श्रेष्ठ है। यह दुर्भाग्यपूर्ण है कि संसार में अब भी ऐसे लोग हैं जो मनुष्य का मूल्यांकन उसकी नैतिकता और उसकी बौद्धिक योग्यता से न करके उसके रंग या अन्य शारीरिक विशेषताओं के आधार पर करते हैं।

–श्रीमती मार्टिन लूथर किंग को जवाहरलाल नेहरू पुरस्कार भेंट किए जाने के अवसर पर (नई दिल्ली, 24 जनवरी, 1969)

नौकरशाही

नौकरशाही के लिए यह जरूरी नहीं है कि आप स्वयं नौकरशाह हों। आप चाहे कहीं भी हों, नौकरशाह हो सकते हैं, क्योंकि नौकरशाही दरअसल एक दृष्टिकोण का नाम है। कहने का आशय यह नहीं है कि सभी नौकरशाही का रवैया नौकरशाही वाला नहीं होता। यह तो एक प्रकार की मानसिकता है और हमें इससे बचना चाहिए। हम चाहे जहाँ कहीं भी हों, हमें यह भी कोशिश करनी चाहिए कि हम सरकार का मुँह अधिक न ताकें। हमें आसपास के लोगों से, समाज से प्रेरणा लेनी चाहिए और हममें काम करने की भावना स्वयं अपने भीतर से ही पैदा होनी चाहिए।

–राज्यों के समाज कल्याण बोर्डों के अध्यक्षों के 18वें सम्मेलन में (4 जुलाई, 1983)

परमाणु शस्त्रास्त्र प्रसार प्रतिबंधक संधि

हम स्वाधीन लोग हैं इसलिए हमारी स्वाधीनता को आँच पहुँचाने वाली किसी भी बात से हम सशंकित हो उठते हैं। जिनसे अंतर्राष्ट्रीय विषमताएँ और

निर्भरता बढ़ें, ऐसी भूमिकाएँ बाहर वाले क्यों निर्धारित करते हैं? परमाणु शस्त्रास्त्र प्रसार प्रतिबंधक संधि मूलत: भेदभावपूर्ण है। हमने इस पर हस्ताक्षर करने से इंकार कर दिया। जो राष्ट्र परमाणु विज्ञान को सैनिक उद्देश्य से इस्तेमाल करने से नहीं झिझकते, उन्हें क्या अधिकार है कि वे दूसरों द्वारा शांतिपूर्ण उद्देश्यों के लिए भी इसका प्रयोग किए जाने पर रोक लगाएँ।

–विज्ञान नीति न्यास में भाषण (लंदन, 26 मार्च, 1982)

प्रकृति संरक्षण

हमारे लोगों की प्रकृति के संरक्षण के मूल सिद्धांतों को सिखाने के लिए बहुत बड़े पैमाने पर अभियान चलाने की आवश्यकता है। यह सीख स्कूली शिक्षा के साथ-साथ दी जानी चाहिए कि हमें वृक्षों को लगाना है और उनकी रक्षा करनी है तथा पशु-पक्षियों की देखभाल करनी है।

–इंटरनेशनल यूनियन फॉर कंजर्वेशन नेचर एंड नेचुरल रिसोर्सेज की दसवीं आम सभा में उद्घाटन भाषण (नई दिल्ली, 24 नवम्बर, 1969)

प्रौद्योगिकी

प्रौद्योगिकी का हस्तांतरण इस तरह होना चाहिए, जिससे कोई देश आत्मविकास को प्रोत्साहन देते हुए अपनी सामाजिक और आर्थिक स्थिति के अनुकूल इस प्रौद्योगिकी को अपना सके। जब निजी माध्यमों या बहुराष्ट्रीय निगमों के माध्यम से प्रौद्योगिकी का हस्तांतरण होता है, तब उनका तत्कालीन उद्देश्य लाभ अर्जित करना होता है। विकासशील देशों की अर्थव्यवस्था के कुछ क्षेत्र अंतर्राष्ट्रीय बाजारों और आधुनिक प्रौद्योगिकी से जुड़ जाते हैं, जबकि अधिकांश भाग उत्पादन के परम्परागत तरीकों से जुड़ा रहने के कारण पिछड़ जाता है। इस प्रकार की प्रौद्योगिकी के हस्तांतरण से पूरी अर्थव्यवस्था का उद्धार नहीं हो पाता और अधिकांश लोगों के लिए इसकी सार्थकता समाप्त हो जाती है। निजी माध्यमों या सार्वजनिक क्षेत्रों के माध्यम से होने वाले प्रौद्योगिकी के हस्तांतरण को और सार्थक बनाया जाना चाहिए।

–बेलग्रेड में व्याख्यान (8 जून, 1983)

बाहरी हस्तक्षेप

हरेक देश का अपना व्यक्तित्व होता है, विशेषताएँ होती हैं, अवधारणाएँ होती हैं और भिन्न राजनीतिक प्रणाली होती हैं। गुट-निरपेक्षता में विश्वास रखते

हुए हम हर देश के इस अधिकार का सम्मान करते हैं कि वह अपना मार्ग स्वयं चुने और बिना किसी बाहरी हस्तक्षेप के अपनी खुद की सरकार बनाए। साथ ही साथ हम इस कर्तव्य से भी अवगत हैं कि जो भी मतभेद हों उन्हें विचार-विमर्श और सद्‌भाव से निबटाया जाए।

–दक्षिण एशियाई देशों के विदेश मंत्रियों के सम्मेलन में भाषण
(नई दिल्ली, 1 अगस्त, 1983)

भारतीय दर्शन

पश्चिम की तुलना में हमारे दर्शनशास्त्र में लचीलापन है और हमारी पौराणिक कथाओं में लगभग सभी स्थितियों और आधुनिक विचारों के समरूप मिल जाते हैं। इन कार्यों के लिए हम उनका इस्तेमाल क्यों नहीं करते?

–भारतीय विज्ञान काँग्रेस के 70वें वार्षिक अधिवेशन में भाषण
(तिरुपति 3 जनवरी, 1983)

भाषा

भाषा आदान-प्रदान का माध्यम है। राजनीतिक भेदभाव लाने से उसका महत्त्व घटता है। इसी प्रकार, धर्म के नाम को राजनीति में लाना धर्म को संकीर्ण करना है।

—नई दिल्ली में तृतीय विश्व हिंदी सम्मेलन में (28 अक्टूबर, 1983)

• • • •

परिशिष्ट 18

(1) जवाहरलाल नेहरू

(14 नवम्बर, 1889-27 मई, 1964)

भारतरत्न पंडित जवाहरलाल नेहरू का जन्म 14 नवम्बर, 1889 को इलाहाबाद में कश्मीर के एक धनी ब्राह्मण परिवार में हुआ। 16 वर्ष की आयु में वे इग्लैंड गए। वहाँ हैरो स्कूल और कैंब्रिज में अध्ययन किया। 1912 में भारत लौटकर कुछ समय उन्होंने वकालत की। 1919 में उन्होंने भारतीय राष्ट्रीय काँग्रेस की सदस्यता ली। शीघ्र ही वे राष्ट्रीय आंदोलन के एक अग्रणी नायक हो गए। भारतीय स्वतंत्रता संग्राम में भाग लेने के कारण 1921 और 1945 के बीच ब्रिटिश सरकार ने उन्हें नौ बार जेल में डाला। स्वतंत्रता के बाद वे भारत के पहले प्रधानमंत्री बने और आजीवन (27 मई, 1964 तक) इस पद पर रहे। उन्हीं के कार्यकाल में 26 जनवरी, 1950 को भारत एक गणराज्य बना और यहाँ का संविधान अस्तित्व में आया। देश के विकास के लिए उन्होंने पंचवर्षीय योजना लागू की। विदेश नीति के तहत उन्होंने गुट-निरपेक्ष आंदोलन की शुरुआत की। वे इसके संस्थापक और अग्रणी नेताओं में से एक रहे। स्वतंत्र भारत को उन्नति की जिस दिशा में श्री नेहरू ने आगे बढ़ाया, आज उत्तरोत्तर भारत उसी दिशा में अग्रसर है।

श्री जवाहरलाल नेहरू अच्छे लेखक भी थे। कैद के दौरान उन्होंने अनेक पुस्तकें लिखीं, अपनी आत्मकथा भी। उनकी कुछ प्रमुख पुस्तकें हैं—'ग्लिम्प्सेस ऑफ वर्ल्ड हिस्ट्री', 'द डिस्कवरी ऑफ इंडिया', 'एन ऑटोबायोग्राफी' आदि।

(2) राजीव गांधी

(20 अगस्त, 1944-21 मई, 1991)

राजीव गांधी का जन्म 20 अगस्त, 1944 का हुआ। उनके पिता का नाम

फिरोज़ गांधी और माता का नाम इंदिरा गांधी था। उनके नाना भारत के प्रथम प्रधानमंत्री श्री जवाहरलाल नेहरू थे। राजीव के जन्म के दो वर्ष बाद उनके पिता का स्थानांतरण लखनऊ हो गया। वे वहाँ 'नेशनल हेराल्ड' के प्रबंध निदेशक बनाकर भेजे गए थे। परिवार लखनऊ आकर रहने लगा। जब राजीव छः वर्ष के थे, इंदिरा गांधी दिल्ली आ गईं। राजीव भी उनके साथ थे जबकि पिता फिरोज़ गांधी नेशनल हेराल्ड के संचालन हेतु लखनऊ ही रहे।

फिरोज़ गांधी ने स्वतंत्रता संग्राम में बढ़-चढ़कर भाग लिया। स्वतंत्रता के बाद वे दो बार—1952 व 1957 में—रायबरेली से लोकसभा के लिए चुने गए। भ्रष्टाचार के विरुद्ध उनकी मुहिम को आज भी याद किया जाता है।

राजीव को आरंभिक शिक्षा के लिए देहरादून के वेल्हम स्कूल में भर्ती किया गया। 1955 में उन्होंने प्रतिष्ठित दून स्कूल में शिक्षा आरंभ की। 16 वर्ष की आयु में 8 सितम्बर, 1960 को उनके पिता का निधन हो गया।

1962 में राजीव गांधी लंदन चले गए। वहाँ उन्होंने ट्रिनिटी कॉलेज और इंपीरियल कॉलेज में शिक्षा ग्रहण की। लंदन में ही उनकी मुलाकात सोनिया से हुई जो बाद में उनकी पत्नी बनीं।

राजीव को आरंभ से ही वैमानिकी का शौक था। इंग्लैंड में वे खाली समय में विमान उड़ाना सीखते। 1967 में भारत वापसी पर उन्होंने हैदराबाद में भारतीय वायुसेवा से उड़ान प्रशिक्षण प्राप्त किया और 5 मई, 1968 को वे भारतीय वायुसेना में विधिवत पायलट बन गए।

उन्हें राजनीति नापसंद थी लेकिन छोटे भाई संजय गांधी की मृत्यु के बाद 1980 में उन्हें मज़बूरन राजनीति में आना पड़ा। जून 1981 में उन्होंने अमेठी से लोकसभा का चुनाव जीता। 17 अगस्त, 1981 को राजीव गांधी ने लोकसभा के सदस्य के रूप में शपथ ग्रहण की। 11 मार्च, 1982 को उन्हें अखिल भारतीय काँग्रेस कमेटी का महासचिव बनाया गया। इस दौरान उन्होंने काँग्रेस सेवा दल और युवा काँग्रेस का कामकाज भी देखा।

31 अक्टूबर, 1984 को श्रीमती इंदिरा गांधी की हत्या कर दी गई। उसी शाम रंजोगम में डूबे राजीव को प्रधानमंत्री का पद ग्रहण करना पड़ा। उसी वर्ष दिसम्बर में हुए चुनाव में उनके नेतृत्व में काँग्रेस ने 508 में से 401 सीटों पर अभूतपूर्व विजय प्राप्त की।

उनके प्रधानमंत्रीत्व काल में प्रशासन, आर्थिक और तकनीकी स्तर पर कई सुधार हुए। न्यायिक और चुनाव सुधार के लिए संविधान में संशोधन किए गए। पंचायती राज लागू किया गया। मतदान की आयु 21 वर्ष से घटाकर 18 वर्ष

की गई। शिक्षा के क्षेत्र में उन्होंने इंदिरा गांधी राष्ट्रीय मुक्त विश्वविद्यालय, नई दिल्ली की स्थापना की जिससे आज देश-विदेश के लाखों विद्यार्थी लाभांवित हो रहे हैं। उन्होंने विदेश संबंधों पर भी विशेष ध्यान दिया।

21वीं सदी के आरम्भ में वे भारत को एक बड़ी शक्ति के रूप में देखना चाहते थे। दुर्भाग्य से दिसम्बर 1989 में हुए आम चुनाव में काँग्रेस सत्ता से बाहर हो गई। वी.पी. सिंह प्रधानमंत्री बने। लेकिन यह सरकार भी अधिक दिनों तक नहीं चली। राजीव को पुनः भावी प्रधानमंत्री के रूप में देखा जाने लगा। लेकिन तभी 21 मई, 1991 को एक जनसभा में श्रीपेरंबुदूर (तमिलनाडु) में एक मानव बम ने उनकी जान ले ली और भारतीय राजनीति के क्षितिज पर चमकता यह सितारा अस्त हो गया।

(3) सोनिया गांधी

(9 दिसम्बर, 1946)

श्रीमती सोनिया गांधी का जन्म 9 दिसम्बर, 1946 को एक मध्यमवर्गीय इतालवी परिवार में हुआ। उनका पैतृक गाँव इटली में तुरिन से लगभग बारह मील दूर ओरबासानो में स्थित है। उनके पिता का नाम स्टीफनो माइनो है वे माइनो दम्पति की तीन बेटियों में दूसरी हैं। इनकी बड़ी बहन का नाम अनुकमा और छोटी का नाम नादिया है।

श्रीमती सोनिया की आरंभिक शिक्षा इटली स्थित केथोलिक स्कूल में हुई। बाद में उन्होंने लंदन के कैंब्रिज विश्वविद्यालय से अंग्रेजी भाषा में डिप्लोमा किया। परिवार के लिए सोनिया राजकुमारी सिन्ड्रेला के समान थीं। वे पढ़ाई में ठीक-ठाक थीं लेकिन होशियार नहीं थीं। उनके पिता रूसी भाषा और संस्कृति से बेहद प्रभावित थे। यही कारण है कि उन्होंने अपनी तीनों बेटियों को रूसी नाम दिए। सोनिया ने पिता से रूसी भाषा भी सीखी। साथ ही स्पेनिश, अंग्रेजी और फ्रैंच भाषाओं पर भी उनका समान अधिकार है।

पिता स्टीफनो के मेहनती तथा अनुशासनप्रियता के सबसे अधिक गुण सोनिया ने ही ग्रहण किए। सोनिया बचपन में बड़ी शरारती और सक्रिय बालिका थीं। वे पड़ोस के लड़कों के साथ घंटों फुटबॉल खेलती थीं या लँगड़ी टाँग वाला खेल। कभी-कभी वे बड़ी आक्रामक भी हो जाती थीं। एक साथी के सिर पर तो उन्होंने एक बार मोटी डिक्शनरी ही दे मारी थी। बचपन में वे बड़ी महत्वाकांक्षी थीं और शिक्षिका बनना चाहती थीं लेकिन उनकी माता चाहती थीं कि वे अधिक आय देने वाला काम करें; क्योंकि पिता के कठोर अनुशासन से माता-पिता में प्रायः झगड़ा होता रहता था, अतः सोनिया अपनी

माता के अधिक निकट आती गई थीं।

भारत के सबसे प्रसिद्ध गांधी परिवार में सोनिया वर्ष 1968 में जुड़ीं। इंदिरा गांधी के पुत्र राजीव गांधी से उनकी पहली मुलाकात 1965 में उस वक्त हुई जब वे दोनों एक साथ ब्रिटेन के नामी विश्वविद्यालय कैम्ब्रिज में पढ़ रहे थे। दोनों एक-दूसरे को पसंद करने लगे। इसके बाद मिलने का सिलसिला शुरू हुआ। शहर में बने एक ग्रीक रेस्तरां से इन्होंने करीब तीन साल तक डेटिंग की। एक दिन राजीव गांधी सोनिया के पैतृक गाँव ओरबासानो पहुँचे और उनके पिता स्टीफनो से सपाट शब्दों में सोनिया का हाथ माँग बैठे। स्टीफनो सन्न रह गए। फिर उन्होंने कहा कि यदि उनका प्रेम सच्चा है तो वे एक साल अलग-अलग रहें, फिर वे निर्णय करेंगे। दोनों एक साल अलग रहे, लेकिन उनका प्यार कम नहीं हुआ और बढ़ा ही। तब स्टीफनो ने बुझे मन से उन्हें विवाह की अनुमति दे दी। वे इस बात से चिंतित थे कि इटली की संस्कृति में पली बढ़ी सोनिया भारतीय संस्कृति को किस प्रकार अंगीकृत करेंगी। यही कारण था कि उन्होंने सोनिया को रिटर्न टिकट दिया। उन्हें भरोसा था कि सोनिया ज्यादा दिन भारत में नहीं रह पाएँगी। लेकिन सोनिया यहीं की होकर रह गईं। 13 जनवरी, 1968 को सोनिया के कदम भारत की धरती पर पड़े। 25 जनवरी, 1968 को उनकी सगाई हुई और ठीक एक महीने बाद 25 फरवरी, 1968 को वसंत पंचमी के दिन दोनों विवाह सूत्र में बँध गए। ठीक इसी दिन इंदिरा और फिरोज गांधी का भी मिलन हुआ था।

राजीव और सोनिया की शादी बेहद सादी थी। 1 सफदरजंग रोड में संपन्न हुए इस विवाह अवसर पर सोनिया ने गुलाबी रंग की वही सूती साड़ी पहनी थी जिसे उनकी सास इंदिरा ने अपनी शादी के मौके पर पहना था। इस साड़ी की खासियत यह थी कि इसमें इस्तेमाल होने वाला सूत इंदिरा के पिता नेहरू ने उस समय काता था जब वे जेल में थे।

गांधी परिवार में शामिल अजनबी सोनिया जल्द ही सबकी, खासकर इंदिरा की करीबी हो गईं। दोनों एक-दूसरे को बेहद पसंद करते थे। ये सिर्फ आपसी रिश्ते ही थे कि जिसमें गुज़रते समय का पता ही नहीं चला। सोनिया ने हमेशा से ही राजनीति से अपना मुँह मोड़ा। राजीव का राजनीति में आना उन्हें पसंद नहीं था। इस बात पर एक बार तो सोनिया ने राजीव को तलाक देने तक की धमकी भी दी थी। हालांकि, इस बात पर राजीव का कहना था कि मुझे खो देने के भय से सोनिया इस तरह की बात कहती हैं।

'इंडियन डायनेस्टी' के लेखक तारिक अली ने एक जगह लिखा है कि सोनिया गांधी ने एक बार अपने एक दोस्त से यहाँ तक कहा था कि राजीव

के राजनीति में जाने से बेहतर मैं बच्चों से सड़क पर भीख मँगवाना सही समझूँगी। लेकिन, आखिरकार हुआ वही जिसका सोनिया को डर था, 1980 में संजय गांधी की मृत्यु के बाद राजीव ने इंडियन एयरलाइन से इस्तीफा देकर राजनीति को अपनाया। राजीव के हवाले से अली लिखते हैं कि घंटों इस बारे में सोनिया से बात करने के बाद यह फैसला लिया। लेकिन, आज यानी अपनी पति की मृत्यु के बाद आलम यह है कि सोनिया खुद भारतीय राजनीति में अहम भूमिका अदा कर रही हैं।

सोनिया ने वर्ष 1998 में सक्रिय राजनीति से जुड़ने के बाद बहुत ही कम समय में, तेजी से हाशिए पर आती 113 साल पुरानी काँग्रेस पार्टी को नए मुकाम पर पहुँचाया।

(4) राहुल गांधी

(19 जून, 1970)

राहुल गांधी का जन्म 19 जून, 1970 को दिल्ली में हुआ। जन्म के समय उनकी दादी इंदिरा गांधी प्रधानमंत्री थीं। बाद में उनके पिता प्रधानमंत्री बने। उनके बाद उनकी माता सोनिया ने प्रधानमंत्री के पद पर पहुँचकर भी उसका परित्याग कर दिया। राहुल के परनाना पंडित जवाहरलाल नेहरू देश के प्रथम प्रधानमंत्री थे और आजीवन प्रधानमंत्री रहे।

राहुल गांधी की शिक्षा दिल्ली में जूनियर मॉडर्न स्कूल, सेंट कोलंबस स्कूल और सेंट स्टीफन कॉलेज में हुई। वे अच्छे निशानेबाज़ भी रहे हैं। इसमें उन्होंने अनेक राष्ट्रीय पुरस्कार भी अर्जित किए।

स्थानीय शिक्षा के बाद राहुल लंदन चले गए वहाँ हावर्ड विश्वविद्यालय से उन्होंने बैंक सचिव का कोर्स किया और लंदन में ही नौकरी करने लगे। 1999 में वे भारत लौटे और अपनी माँ के साथ तत्कालीन चुनाव प्रचार में हाथ बँटाने लगे।

राहुल गांधी अभी अविवाहित हैं लेकिन कहा जाता है कि वेनेजुएला (दक्षिण अमेरिका) की एक लड़की जोनिटा से उनके मधुर संबंध हैं। जोनिटा मेड्रिड के एक डिपॉर्टमेंटल स्टोर में कार्य करती है और प्राय: राहुल से मिलती रहती है। सोनिया की बड़ी बहन नादिया ने उसे राहुल से मिलवाया था। नई शताब्दी के पदार्पण पर वह अंडमान द्वीप पर उत्सव मनाने के लिए राहुल के मेहमान के रूप में वहाँ पधारी थी। उससे राहुल के विवाह के विरोधस्वरूप कुछ काँग्रेसजन का विश्वास है कि 10, जनपथ (सोनिया का सरकारी आवास, नई दिल्ली में) में एक और विदेशी का आगमन कांग्रेस के लिए राजनीतिक रूप

के फायदेमंद नहीं होगा। जहाँ तक सोनिया का मत है तो उनका कहना है कि उन्होंने आरम्भ से ही बच्चों (राहुल व प्रियंका) को अपने निर्णय स्वयं लेने की आज़ादी दी है।

चौदहवीं लोकसभा के चुनाव 2004 में हुए। राहुल भी राजनीति में कूदे। उन्होंने अमेठी (उत्तर प्रदेश) से चुनाव लड़ा और विजयी हुए।

(5) प्रियंका गांधी

(दिसंबर 1971)

प्रियंका गांधी का जन्म दिसंबर, 1971 को नई दिल्ली में हुआ। उनके जन्म के समय उनकी दादी इंदिरा गांधी प्रधानमंत्री थीं। उनके पूर्व उनके परनाना जवाहरलाल नेहरू देश के प्रधानमंत्री थे। बाद में प्रियंका के पिता राजीव गांधी प्रधानमंत्री बने।

प्रियंका की शिक्षा नई दिल्ली में जूनियर मॉडर्न स्कूल और जीसस और मैरी कॉलेज में हुई। उनका विवाह 18 जनवरी, 1997 को रॉबर्ट वडेरा के साथ हुआ। उनके एक पुत्र और एक पुत्री हैं।

राहुल और प्रियंका अपनी माता सोनिया के दाएँ और बाएँ हाथ की भाँति हैं। इनके सतत् प्रयास और हृदय परिवर्तन से सोनिया ने राजनीति में कदम रखा, हालांकि 1994 तक वे भी राजनीति को अपने योग्य नहीं समझते थे। प्रियंका और राहुल को इंदिराजी का भरपूर प्यार मिला। सोनिया और राजीव हालांकि सख्त माता-पिता थे लेकिन इंदिरा बच्चों को डाँट खाने से बचा लेती थीं। सुरक्षा कारणों के चलते राहुल और प्रियंका का अध्ययन काल बेहद उतार-चढ़ाव भरा रहा।

• • • •

झलकियाँ

19

12 जून, 1975 को इलाहाबाद उच्च न्यायालय ने श्रीमती इंदिरा गांधी के रायबरेली चुनाव को अवैध घोषित कर दिया। इस निर्णय के विरुद्ध अपनी सियासी ताकत दिखाने के लिए संजय गांधी ने बोट क्लब, दिल्ली पर एक जनसभा का आयोजन किया। इसमें लगभग एक लाख की भीड़ जुटी। परिवार की एकजुटता दिखाने के लिए संजय ने सभी को इस सभा में चलने के लिए कहा। राजीव और सोनिया के लिए इस सभा में जाना कष्टकारी था, क्योंकि उन्हें राजनीति में बिल्कुल दिलचस्पी नहीं थी। सभा में सोनिया खादी की साड़ी पहनकर गईं। वे राजीव, मेनका और संजय के साथ इंदिरा गांधी के पीछे स्टेज पर खड़ी हुईं। इतनी भीड़ सोनिया ने पहली बार देखी थीं। उनकी आँखें चमत्कृत थीं कि इंदिराजी इतनी भीड़ को किस प्रकार सम्मोहित कर लेती हैं।

• • • •

कभी-कभी इंदिरा गांधी के घर में बड़े पारिवारिक झगड़े होते थे—खासकर आपातकाल के दौरान। एक बार किसी बात पर मेनका अपने पति संजय गांधी से बेहद नाराज़ हो गईं और उन्होंने अपनी शादी की अँगूठी उतार कर उनके सामने फेंक दी। इंदिराजी भी इस हरकत से बेहद खफ़ा हो गईं क्योंकि वह अँगूठी उनकी माता कमला नेहरू से जुड़ी थी। सोनिया ने वह अँगूठी उठा ली और बोलीं कि यह उनकी बिटिया प्रियंका पहनेगी। आज वह अँगूठी प्रियंका पहने है।

• • • •

1977 के चुनाव में पराजय के बाद इंदिराजी अपने परिवार के साथ 12, विलिंगडन क्रिसेंट पर आकर रहने लगीं। यह घर प्रधानमंत्री आवास से अपेक्षाकृत छोटा था। यहाँ इंदिरा और सोनिया की नज़दीकियाँ और बढ़ीं। मेनका को इस बात से ईर्ष्या होती थी कि उनकी सास बड़ी बहू को अधिक चाहती थीं। यहाँ कोई आया या नौकर-चाकर नहीं थे। सोनिया अपने बच्चों

राहुल और प्रियंका की देखभाल खुद करती थीं। वे दोनों समय का खाना भी स्वयं बनाती थीं। निकट के खान मार्केट (दिल्ली में) से सोनिया स्वयं ही सब्जी व घर की जरूरत का अन्य सामान खरीद लाती थीं। उन्होंने घर के पिछवाड़े गोभी आदि सब्जियाँ भी उगाना आरंभ कर दिया था ताकि सब्जी की जरूरत वहीं से पूरी होती रहे।

• • • •

इंदिरा गांधी को उनकी मृत्यु का पूर्वाभास हो गया था, संभवत: तभी वे अपने पोते राहुल को बार-बार कहती थीं कि उन्हें कुछ हो जाए तो वह रोए नहीं। 31 अक्टूबर, 1984 के उस विनाशकारी दिन जब इंदिराजी की हत्या की गई, उनकी पोती प्रियंका स्कूल जाने के लिए तैयार थी, न जाने क्यों इंदिराजी के मन में ममता का सागर उमड़ पड़ा। उन्होंने प्रियंका को सीने से लगा लिया और जी भरकर प्यार किया। राहुल को भी अपने शब्द याद दिलवाए। और कुछ ही देर बार सोनिया को गोलियाँ चलने की आवाज़ सुनाई दी। वे दौड़ी-दौड़ी आईं—देखा इंदिराजी खून से लथपथ हैं। उन्होंने उनका सिर गोद में ले लिया। उन्हें फौरन अस्पताल ले जाया गया। लेकिन बचाया न जा सका। बाद में आधिकारिक तौर पर उनकी मृत्यु की पुष्टि कर दी गई। वह क्षण सोनिया को आज भी विचलित कर देता है।

• • • •

सोनिया की नज़र में इंदिरा गांधी

20

"मेरी सास बहुत ही समझदार थीं और उन्होंने मुझे बहुत ही आसानी से अपने साथ मिला लिया था। उन्होंने मुझे हर काम अपने आप करने दिया। किसी भी चीज़ या बात के लिए उन्होंने मुझ पर कभी ऐसा दबाव नहीं डाला जिससे कि उनको यह महसूस हो कि इसमें उनकी बहू को परेशानी होगी और मुझे लगता है कि उनका यही सबसे अच्छा तरीका था मुझे अपने बीच घुलाने-मिलाने का और इसी तरह मैं धीरे-धीरे परिवार में ढलती गई। और मैंने वह सब किया जो मैं तब नहीं कर पाती, जब अगर वे मुझे यह कहतीं कि यह तुम्हें करना है। मसलन, अगर हम शादी में जाते हैं तो आपको साड़ी पहननी है अथवा आपको भारतीय भोजन ही करना है। धीरे-धीरे मैंने भारतीय खाना खाना शुरू किया और अब मैं बगैर इसके रह भी नहीं सकती।"

• • • •

"वे एक बहुत ही दृढ़ निश्चयी, मज़बूत इरादों वाली महिला थीं। लेकिन वे बहुत ही विनम्र और भीतर से कोमल भी थीं और बहुत ही कम लोग इस बारे में जानते हैं। अगर कोई ज़रा भी उदास या नाराज़ होता तो वे तुरंत ही उसे भाँप लेती थीं और जरूर उसके लिए कुछ न कुछ करतीं। मुझे याद है कि जब मेरी शादी हुई थी, तब मेरी माँ यहाँ आई थीं और एक महीने रुकी थीं। जब वे लौट रही थीं तब निश्चित ही मेरे लिए यह एक दुःखद क्षण था। मेरी सास मुझे उदास देखते ही ताड़ गई और कहा—"हाय सोनिया! तुमसे सिर्फ यही कहना है कि हम सब तुम्हें बहुत प्यार करते हैं।" और उनके इतना कहने भर से ही मुझे काफी शक्ति मिली।"

• • • •

“जब उनके सामने चुनौतियाँ होतीं तो वे बेहतर से बेहतर तरीके से उनका सामना करतीं। अगर उन पर कोई दबाव होता तो इससे भी उबरतीं और पलटकर जवाब देतीं।”

• • • •

“जब वे चुनाव हार गईं तो उन्होंने खुद कहा था कि उन्होंने इस बारे में फिर से विचार किया और उन्होंने चुनाव कराने की घोषणा की, इसी से साबित होता है कि उन्होंने आपातकाल पर फिर से विचार किया था।”

• • • •

“मुझे ऐसा लगता है कि उन्होंने आपातकाल को गलती माना था। लेकिन यह मत भूलिए कि जितना मैं उन्हें समझी हूँ, वे बहुत गहरे तक लोकतांत्रिक थीं। मेरे ख्याल में हालात ने उन्हें यह कदम उठाने पर मजबूर किया लेकिन वे इसे लेकर सहज नहीं रहीं।”

• • • •

अच्छा इंसान सफल विजेता कैसे बने
शशिकांत 'सदैव'
डेल कारनेगी
लोक व्यवहार
प्रभावशाली व्यक्तित्व की कला
टॉपर्स के टॉप टिप्स
टॉपर बनना न तो मुश्किल है, न ही नामुमकिन
जे.पी.एस. जौली
डेल कारनेगी
चिंता छोड़ो सुख से जियो
कहानियाँ जो जीना सिखाएं
जे.पी.एस. जौली
कहानियाँ जो राह दिखाएं
सुख, समृद्धि और सफलता की पारसमणि
जे.पी.एस. जौली
मैनेजमेंट एवं कॉरपोरेट गुरु चाणक्य
चाणक्य द्वारा सिखाए गए यह सूत्र जो आज भी उतने ही प्रासंगिक हैं!
डॉ. उज्ज्वल पाटनी
सफल वक्ता सफल व्यक्ति
आपके भीतर छिपी सफलता पाने की 8 शक्तियाँ
सफलता की नई तकनीक
टाइम मैनेजमेंट
आप और आपका व्यवहार
सूर्या सिन्हा
सोच बदलो सफलता पाओ
क्या है नेटवर्क मार्केटिंग जानिए
सूर्या सिन्हा
जीत लो ख्वाबों को
हार के बाद ही जीत है

डायमंड में प्रकाशित श्रेष्ठ साहित्य

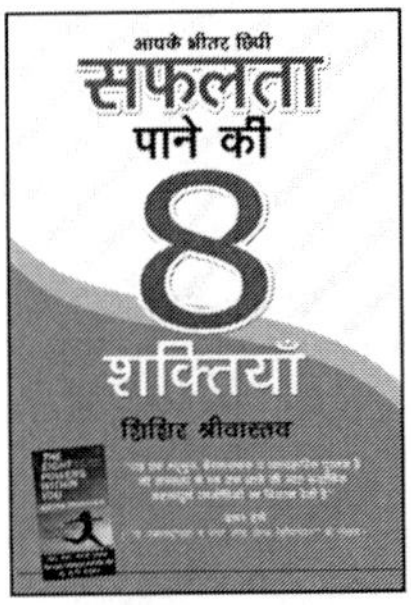